Praxis und Kultur

Herausgegeben von Andreas Schmidt

ISSN 2192-3523

Band 1

Peter Hinrichs

Wacken

Ein Dorf wird Metropole und Marke

Cuvillier Verlag Göttingen

Bibliografische Information der Deutschen Nationalbibliothek
Die Deutsche Nationalbibliothek verzeichnet diese Publikation in der
Deutschen Nationalbibliografie; detaillierte bibliografische Daten sind im
Internet über http://dnb.d-nb.de abrufbar.
1. Aufl. - Göttingen : Cuvillier, 2011

978-3-86955-731-1

© CUVILLIER VERLAG, Göttingen 2011
Nonnenstieg 8, 37075 Göttingen
Telefon: 0551-54724-0
Telefax: 0551-54724-21
www.cuvillier.de

978-3-86955-731-1

Ich danke meiner Familie, meiner Freundin und meinen Bands. Besonderer Dank gilt Christoph.

Inhaltsverzeichnis

1 Einleitung

Das Wacken Open Air hat sich in den vergangenen 22 Jahren zu einer der größten internationalen Veranstaltungen in der Heavy Metal-Szene entwickelt. Der namengebende Ort wird jedes Jahr am ersten Augustwochenende zum Treffpunkt für Metalheads aus aller Welt. Ein Zustrom von 75.000 Besuchern verwandelt das Dorf und seine Umgebung von einer kleinen ländlichen Gemeinde zu einem Raum, in dem sich verschiedene soziale und kulturelle Gruppen versammeln und der auch außerhalb der Szene an Aufmerksamkeit gewonnen hat. Das Festival findet heute auf einer Fläche von ca. 200 ha statt. Mit einem wachsenden Angebot an Attraktionen, Merchandise-Artikeln und stetig erweiterten Anreisemöglichkeiten hat das Festival seinen Einzugsbereich und seine Zielgruppen kontinuierlich ausbauen können. Die stark angestiegene Medienpräsenz des W.O.A. (kurz für Wacken Open Air), etwa durch Dokumentationen, Werbung im Fernsehen, im Internet und in den Printmedien, hat es szeneübergreifend bekannt und attraktiv gemacht. In den öffentlich-rechtlichen und den privaten Fernsehsendern wird in den Hauptnachrichten von der Eröffnung des Festivals berichtet und zahlreiche Sponsoren treten vor Ort in Erscheinung, um ihre Marken zu platzieren. Der Raum wird in diesen fünf Tagen gänzlich anders beansprucht und genutzt.

Die Prozesse im Raum, die dieses Phänomen gestalten und wiederum durch dieses generiert werden, sollen im folgenden untersucht werden. Fragen über den Raum sind nicht erst seit dem Spatial Turn in den Fokus volkskundlichen Interesses gerückt, haben seitdem aber in den Geistes- und Gesellschaftswissenschaften im Allgemeinen an Popularität gewonnen (Döring, Thielmann 2008: 9f.). Wacken ist ein hervorragendes Beispiel für verschiedene Prozesse der Raumaneignung und Raumgestaltung, da die eigentliche Struktur des Raumes durch das Open Air aufgehoben wird und sich der Situation entsprechend wandelt. Meine Frage lautet deshalb: Wie wird der Raum durch das Festival gestaltet?

Diese Fragestellung umfasst verschiedene Aspekte des Raumes, die von geographischen Bestimmungen bis hin zu verschiedenen sozialen und kulturellen Produktionsprozessen reichen. Eine so gerichtete Raumanalyse bedarf eines multiperspektivischen Zugangs, der sich sowohl auf das Wissen der unterschiedlichen Disziplinen stützt, als auch mit entsprechenden Methoden im Forschungsfeld umgesetzt werden muss. Die temporäre Expansion eines Raumes, wie sie in Wacken stattfindet, ist in dieser Form in Deutschland besonders. Im Vergleich zu anderen großen Festivals, wie z. B. Rock am Ring, dem With Full Force oder dem Southside Festival, werden hier Strukturen und Menschen integriert, die sich sonst mit einem solchen Ereignis nicht in Verbindung bringen lassen. Während Rock am Ring ein Festival ist, das auf einer reinen Veranstaltungsfläche stattfindet, also an einem Ort, der keine Gemeindekultur oder Einwohner umfasst, müssen für das W.O.A. viele Interessen von verschiedenen Gruppen, ebenso wie die Infrastruktur eines ganzen Ortes, in der Planung berücksichtigt werden, um das Festival zu ermöglichen. Auf diese Weise wird u. a. versucht, die ländliche Gemeindekultur und die globale Szenekultur in Einklang zu bringen. Dies ist der maßgebliche Unterschied zwischen dem W.O.A. und anderen Festivals.

2 Physisch-materieller Raum

2.1 Wacken – Der Ort

Wacken ist eine kleine Gemeinde in Schleswig-Holstein und gehört zum Kreis Steinburg. Nachweislich erwähnt wurde der Ort erstmals im Jahr 1148. Funde am nordöstlichen Ortsrand aus frühzeitlicher germanischer Vorzeit lassen noch ältere Ansiedlungen vermuten. Einer jener Funde ist die bronzene Gürtelschale, die heute das Wappen von Wacken ziert. Bis zum Ende des 18. Jahrhunderts war der ländliche Raum im Kreis Steinburg hinsichtlich Landschaft, Siedlung, Bevölkerung und Wirtschaft noch gering entwickelt. Mit dem Einsetzen der Agrarreform um 1800 änderte sich dieser Zustand fortschreitend (Asmus 1979: 59). Durch den Rückgang der bäuerlichen Eigenversorgung nahm die Arbeitsteilung auf dem Lande zu. Zwischen 1803 und 1864 stieg die Zahl der Gewerbetreibenden im Kreis Steinburg stetig an, wodurch sich das Angebot an Diensten differenzierte (Asmus 1979: 63). Nach einer Volkszählung von 1803 lebten 90 Menschen in Wacken (Benz et al. 1996: 170).

Mit dem Bau der Heiligen-Geist Kirche im Jahr 1861 und dem Erhalt eines eigenen Kirchspiels zwei Jahre später wurde Wacken zum Mittelpunkt von neun anliegenden Gemeinden. Sechs Jahre später wurde in Wacken eine einklassige Schule samt Lehrerwohnung errichtet (Benz et. al. 1996: 168f.). Damit wurde der Ort auch für Handel und Gewerbe zunehmend interessant, was sich in einer steigenden Einwohnerzahl bemerkbar machte. Im Zuge der Gemeindereform in den späten 1960er Jahren und der weiteren Entwicklung steigt die Einwohnerzahl erneut. 1998 wurde ein Dorfplatz zur 850-Jahr-Feier errichtet, der seitdem als Mittelpunkt für viele lokale und regionale Veranstaltungen genutzt wird.[1] Die Kirche und das Schulhaus, ebenso

---

[1] http://www.wacken.de/pages/w08_index.htm (Stand: 10.4.2011).

wie Hof Brandt, einer der 9 »Urhöfe« aus denen Wacken noch zum frühen 19. Jahrhundert bestand, sind mittlerweile Kulturdenkmäler des Kreises Steinburg (Benz et.al. 1996: 168ff).

Heute ist Wacken eine moderne und wohlhabende Gemeinde mit ca. 1850 Einwohnern.[2] Sie besitzt eine zentrale Wasserversorgung und Ortsentwässerung, eine Grund- und Hauptschule, eine moderne Kindertagesstätte, eine große Sporthalle mit Sportplätzen sowie ein Freibad. Alle Dienstleistungsbetriebe für die Versorgung mit Dingen des alltäglichen Bedarfs sind vorhanden. Die medizinische Versorgung ist durch Allgemein- und Fachärzte, Physiotherapeuten und einen ambulanten Pflegedienst gesichert. Neubaugebiete werden ausgewiesen und erweitern die Infrastruktur des Ortes. So ist derzeitig der Bau von Seniorenresidenzen in Planung.[3] Aktuell wird ein Glasfasernetz in Wacken verlegt, wodurch die Kommunikationsnetzwerke verbessert werden. Der Ort hat eine Fläche von ca. 7,09 km^2 und ist sehr gut an den Verkehr angebunden (Kornell 1994: 276). Für ein Dorf dieser Größenordnung verfügt Wacken über eine sehr gute Infrastruktur.

2.2 Wacken – Das Festival

Die Idee für ein Open Air in der kleinen Gemeinde stammt von Holger Hübner und Thomas Jensen. Beide kommen aus der Nähe von Wacken und sind selbst Fans der Heavy Metal-Musik. 1990 fand das W.O.A. erstmals statt. Es zählte 800 Besucher, die zumeist aus der Region kamen. 6 Jahre später waren es bereits 10000. Die Organisatoren des W.O.A. machten sich frühzeitig die Möglichkeiten des Internets zunutze und bauten damit Beziehungen zu Heavy Metal-Fans auf der ganzen Welt auf. Auf diese Weise entwickelte sich das Festival Schritt für Schritt zum größten reinen Heavy Metal-Open Air der

---

[2] Zahl von Bürgermeister Axel Kunkel vom 15.7.2010.

[3] www.wacken.de (Stand: 6.10.2010).

Welt. Jahr für Jahr kommen hier international bekannte Bands des Genres zusammen. Dabei werden neue Strömungen ebenso berücksichtigt wie altbekannte Bands (z. B. Iron Maiden, Saxon, Motörhead). So wird der Geschmack der Fans aus den vielfältigen Subgenres des Heavy Metal bedient.

Um den weiteren Ausbau des Festivals zu gewährleisten, gründete sich die Festival Service GmbH ICS unter der Leitung von Holger Hübner und Thomas Jensen. Nicht nur die Organisation des W.O.A. wurde damit professionalisiert, sondern auch die Netzwerke rund um das Festival wurden erweitert (Hübner o. J.). So entstanden Ableger, die unter dem Titel Wacken Seaside und Wacken South, den Geist des Open Airs auch an andere Orte transportieren sollten.[4] Des Weiteren wurde 2005 das Wacken Metal Battle erfunden, um den Nachwuchs der Szene zu fördern. Dabei treten Bands in verschiedenen Bundesländern in einem Wettbewerb gegeneinander an und werden von einer Jury bewertet. Diese Wettbewerbe werden in mehreren Städten ausgetragen. Der Sieger erhält einen Plattenvertrag und darf auf der großen Bühne des W.O.A. spielen. Wurde dieses Unternehmen 2005 noch rein national umgesetzt, so gibt es diese Veranstaltungen mittlerweile in 26 Ländern.[5] Daran zeigen sich die enormen organisatorischen Leistungen der Veranstalter in Hinblick auf die Etablierung des Namens Wacken über die nationalen Grenzen hinaus. Das Festival findet auf einer Fläche statt, die sich aus den Gebieten von drei Gemeinden zusammensetzt, und bietet mit den ihr zur Verfügung stehenden großen Grünflächen ein variables und vielfältig nutzbares Gelände für Veranstaltungen. Das Wacken Open Air verfügt aktuell über fünf Bühnen und zahlreiche Beschäftigungsmöglichkeiten nebst der Musik, wie einem Mittelaltermarkt, einem Pokerturnier oder einer

---

4 www.wackenrocks.com (Stand: 10.4.2011)

5 Zur weiteren Information zu diesen Veranstaltungen http://www.metal-battle. com/index.php?id=38 (Stand: 10.4.2011).

»Freakshow«. Seit 2008 ist das Festival mit 75.000 Besuchern stets ausverkauft (ICS Media Service o. J.). Die Karten sind seit den letzten drei Jahren bereits frühzeitig im Vorverkauf vergriffen, wodurch keine Kassen mehr auf dem Festivalgelände benötigt werden. Über hundert Bands finden sich jährlich auf dem Festival ein und beschallen den ansonsten ruhigen Ort.

So hat sich das W.O.A. zu einem Massenphänomen entwickelt, das seine Besucher längst nicht mehr ausschließlich aus den Reihen der Heavy Metal-Hörer rekrutiert. Die zunehmende Präsenz in den Medien hat dazu beigetragen. Neben Dokumentationen wie »Full Metal Village«[6] von der Koreanerin Sung Hyung Cho sind auch die öffentlich-rechtlichen und privaten Fernsehsender mittlerweile auf das Phänomen aufmerksam geworden und berichten in kurzen Nachrichtenbeiträgen über das Festival in Schleswig-Holstein. Man kann nicht umhin zu sagen, dass das W.O.A. das bedeutendste und am meisten besuchte Festival in Norddeutschland ist. Ähnliche Veranstaltungen anderer Musikgenres, wie die Jazz Baltica oder das Schleswig-Holstein Musikfestival weisen, gemessen an dem Veranstaltungszeitraum, eine geringere Besucherdichte auf.[7]

---

[6] www.sung-hyung.de (Stand: 2.4.2011).

[7] Die Jazz Baltica verzeichnete 2010 in dem Zeitraum vom 30.6. bis zum 4.7 mit Konzerten in Husum, Kiel und Salzau 7.500 Besucher. (http://www.jazzbaltica.de/de/blog/2010/07/05/jazzbaltica-lebt-20-ausgabe-des-internationalen-jazzfestes-ein-voller-erfolg, Stand: 6.10.2010).
Das Schleswig-Holstein Musikfestival fand über einen Zeitraum von sieben Wochen an 49 Orten statt (24.6.2010 -29.8.2010), in dem 130.000 Besucher gezählt wurden. (http://www.shmf.de/inhalt.asp? ID=1&Zeit=18:07:38&BesucherID=97735674, Stand: 6.10.2010).

3 Forschungsdesign

3.1 Forschungsstand

Da Raum aus vielen Perspektiven betrachtet und verstanden werden kann, sollen zunächst die unterschiedlichen Konzepte vorgestellt werden. So kann der Begriff Raum einen geographisch messbaren, physisch vorhandenen Raum bezeichnen, aber auch als vorgestellter oder sozialer Raum gedacht werden. Deshalb ist eine Differenzierung für das Verständnis unerlässlich, obgleich eine solche Trennung bei Raumkonzepten nie stringent umgesetzt werden kann. Auch wenn viele Konzepte aufeinander verweisen oder aufbauen, sollen sie zunächst aus Gründen der Plausibilität isoliert betrachtet werden.

3.1.1 Absoluter und relationaler Raum

Die Perspektive auf den Raum hat sich in den vergangenen Dekaden oft geändert. Die Rede ist von geographischen Räumen, Erinnerungsräumen, symbolischen Räumen, sozialen Räumen usw. Bei der Bestimmung von Räumen stehen sich aber zunächst vor allem zwei grundlegende Konzepte zur Erfassung des Phänomens gegenüber: der absolute und der relationale Raum. Der absolute Raum wurde von Isaac Newton definiert, indem er dem Raum eine eigenständige Realität zuschrieb. Er wird dabei wie ein Behälter verstanden, der klar definierte Grenzen besitzt (Newton 1963: 32). Innerhalb dieses Raumes werden die Subjekte und Güter platziert, die dann im Raum agieren, ihn aber nicht begründen. Bewegt man sich jenseits der festen Grenzen, verlässt man den einen Raum und befindet sich folglich in einem anderen Raum. Entscheidend ist bei der Differenzierung in einen relationalen und einen absoluten Raum, dass letzterer auch als leerer Raum existiert. Das Konzept des absoluten Raumes verweist also in erster Linie auf ein starres vorhandenes Gebilde.

Auf der anderen Seite steht die Auffassung, dass Raum nicht einfach existiert, sondern entsteht und »lebt«. Albert Einstein definierte als Begründer der Relativitätstheorie die Vorstellung eines relationalen Raumes. Dieser wird als Prozess begriffen, der durch Subjekte, Güter und deren Platzierungen zueinander geschaffen wird (Einstein 2006: 94f.). Der relationale Raum unterliegt nicht den Beschränkungen des absoluten Raumes, ist daher nicht genau definiert und abgegrenzt. Raum und Zeit sind demnach nicht absolut, sondern können nur relativ zum Bezugssystem der Beobachter bestimmt werden. Wichtige Vordenker Einsteins waren Wilhelm Leibniz und Immanuel Kant. Nach Leibniz sind Raum und Zeit etwas rein Relatives, weshalb er Raum als »eine Ordnung des Nebeneinanderbestehens« (Leibniz 2006: 61) betrachtet. Für Kant hingegen ist Raum, wie auch die Zeit, eine reine Form der Anschauung und kein empirischer Begriff. »Der Begriff des Raumes ist eine einzelne Vorstellung, die alles in sich begreift« (Kant 2006: 76). Diese Vorstellung wird durch die menschliche Wahrnehmung a priori begründet. Die Überlegungen von Leibniz und Kant gaben Einstein wichtige Implikationen für seine Forschung. Ausgehend von der grundsätzlichen Auffassung Einsteins haben sich viele neue Sichtweisen auf den Raum entwickelt. Ernst Cassirer fasst in seinem Aufsatz »Mystischer, ästhetischer und theoretischer Raum« treffend zusammen, was eine relationale Vorstellung des Raumes ausmacht: »Raum und Zeit sind keine Substanzen, sondern ›reale Relationen‹ - sie haben ihre wahrhafte Objektivität in der ›Wahrheit von Beziehungen‹, nicht in irgendeiner absoluten Wirklichkeit« (Cassirer 1975: 22).
Innerhalb der Geographie wurde das Konzept des absoluten Raumes weiterhin favorisiert, was sich speziell in den topografischen Arbeiten mit Landkarten zeigt. Diese basieren auf mathematischen Messungen

und benötigen Grenzen, damit sie ihre Funktion erfüllen.[8] In den So-
zial- und Kulturwissenschaften wird hingegen meist mit einem relationalen Raumbegriff operiert.
Der *Spatial Turn* in den Geisteswissenschaften hat den Fokus auf relationale Raumtheorien gelegt. Er »richtet sich auf Praktiken der
Raumerschließung und -beherrschung, zugleich aber auch auf Reprä-
sentationsformen von Räumen« (Bachmann-Medick 2006: 299). Der
Gedanke des absoluten Raumes wird hier in den Hintergrund ge-
drängt, da besonders in den sozialwissenschaftlichen Betrachtungen
mit diesem starren Konzept die meisten zu untersuchenden Phänomene nicht ausreichend nachzuvollziehen sind. Mit dem absoluten
Raumbegriff geht oft auch die Kritik des Raumdeterminismus einher.
Raumdeterminismus meint die feste Zuschreibung von Positionen
und Regeln im Raum wegen dessen unabhängiger Existenz. Der
Raum schreibt demnach alles, was in ihm passiert, vor, da alles von
ihm abhängt. Unter dieser Prämisse können die verschiedenen Dimensionen eines Raumes nur sehr eingeschränkt betrachtet werden.

3.1.2 Sozialer Raum

Schon bei denjenigen, die die Soziologie als Wissenschaft begründe-
ten, stellte sich die Frage: Was bedeutet Raum? In seiner Soziologie
des Raumes beschreibt Georg Simmel 1903 den Raum aus einer sozi-
ologischen Perspektive. Er spricht sich darin gegen eine raumdetermi-
nistische Sichtweise aus und betont die Bedeutung menschlicher Aktivitäten für räumliche Strukturen. Damit legte er den Grundstein für

---

8 In »Die neue Kartographie« setzte Arno Peters neue Maßstäbe bei der
Erstellung von Atlanten, indem er sich von einer eurozentrischen Perspektive
distanzierte und jeden Teil der Erde naturgetreu abbildete. Zuvor wurden
nordamerikanische und europäische Länder im Vergleich zu orientalischen
Ländern immer größer dargestellt als sie eigentlich waren. Deshalb betonte
Peters die mathematische Exaktheit. Peters 1983: 6.

eine moderne Raumsoziologie. Er schreibt physisch-materiellen Gegebenheiten eine wichtige Rolle für die Entstehung von Räumen zu, jedoch primär als Ressourcen für die Gestaltung des Raumes durch die handelnden Subjekte. Die Begrenzung von Räumen durch ihre vorgegebene erdräumliche Form weist er zurück. So formuliert er über Staatsgrenzen:

>»Die Grenze ist nicht eine räumliche Tatsache mit soziologischer Wirkung, sondern eine soziologische Tatsache, die sich räumlich formt. Das idealistische Prinzip, daß der Raum unsere Vorstellung ist, genauer: daß er durch unsere synthetische Fähigkeit, durch die wir das Empfindungsmaterial formen, zustande kommt – spezialisiert sich hier so, daß die Raumgestaltung, die wir Grenze nennen, eine soziologische Funktion ist« (Simmel 1995: 141).

Auch der Begründer der französischen Soziologie Emile Durkheim lehnt die Eigenständigkeit eines absoluten Raumes ab. Für ihn sind räumliche Unterteilungen weder gänzlich auf die subjektive Wahrnehmung, noch auf die objektiven Gegenstände zurückzuführen. Wie Simmel geht Durkheim von der sozialen Natur der Räume aus. Nach ihm besteht »die räumliche Vorstellung wesentlich aus einer ersten Koordinierung, die in der sinnhaften Erfahrung eingeführt wird« (Durkheim 1984: 131). Dabei bezieht sich das Subjekt auf die bestehenden Unterteilungen und Differenzierungen innerhalb des Raumes, welche nach Durkheim ebenfalls sozialen Ursprungs sind. Die Organisation des Raumes hänge deshalb von der sozialen Organisation der Menschen ab. Dem Raum werden die Qualitäten durch ein gesellschaftliches Kollektiv zugeschrieben. Für Durkheim waren Wissen und elementare Formen des Denkens wie Raum und Zeit sozial konstruiert. Entsprechend müssten ihre natürlichen Ursprünge in der Gesellschaft liegen.

Weiterentwickelt wurde dieses Konzept des sozialen Raumes nicht zuletzt von Pierre Bourdieu, der in seinen Arbeiten soziologische und ethnologische Konzepte zusammenführte. Der soziale Raum bezeichnet bei ihm die Sozialstruktur innerhalb einer Gesellschaft, in der Individuen verschiedene Positionen einnehmen. Bei der Verortung der Menschen in dieser Struktur spielen Eigenschaften wie Geschlecht und Klasse eine gewichtige Rolle. Dies ist für die Analyse eines Raumes insofern relevant, als dass sich aus einem solchen Konzept Rückschlüsse auf die konkrete Infrastruktur und damit den physisch-materiellen Raum ziehen lassen. Seine Begriffe Habitus und Feld finden sich auch in seinen Überlegungen zum sozialen Raum wieder. Habitus verweist auf die eingeschriebenen Positionen und Hierarchien der Subjekte in der Sozialstruktur und damit auch auf deren Zugehörigkeit im Raum. Im Begriff des Habitats konkretisiert sich dies im Hinblick auf den Wohnort. Die Art des Wohnens bzw. die Wohnung selbst kann Gewohnheiten stiften, wodurch sich gesellschaftliche Annäherungseffekte ergeben (Bourdieu 1997: 165). Unter Feldern versteht Bourdieu die unterschiedlichen »Spiel-Räume« (Bourdieu 1997: 166f.), in denen die verschiedenen Kapitalien ausgehandelt werden. Er erläutert das Funktionieren von Feldern am Beispiel von Kartenspielen, in denen Chips eingesetzt werden. In den Feldern wirken die Kräfteverhältnisse der Akteure gemäß ihres Habitus, der im Beispiel des Kartenspiels gewissermaßen als das Talent verstanden werden kann, das der Akteur für das Spiel besitzt.

Felder resultieren aus Konkurrenzkämpfen. Der soziale Raum beinhaltet mehrere solcher Felder, die alle relativ unabhängig voneinander sind und nach einer eigenen Logik funktionieren können. Das Feld ist dabei über die Auswirkung seiner Effekte begrenzt. Da das Feld im Sinne Bourdieus nur ein wissenschaftliches Konstrukt ist, kann man es nicht physisch verorten. Es entspricht mehr einem Kräftefeld in der Physik: unsichtbar, aber wirkend. In den Feldern herrscht Konkurrenz um die Positionen im Feld, wie beispielsweise im Kampf um eine Fußballmeisterschaft. Das Feld wäre hier der internationale Fußballsport, der, durch die Siege bzw. Niederlagen der Mannschaften, diesen eine Position zuschreibt. Die Konkurrenz um die Positionen ist der Wettbewerb um den Pokal.

Die Ausübung von und das Ringen um Macht ist daher ebenso Bestandteil der Felder wie des sozialen Raums. So basiert die Gestaltung des Sozialraums auch maßgeblich auf der Akkumulation von Kapital. Die Positionen innerhalb des Sozialraums sind umkämpft. Die Raumaneignungsprozesse sind Ausdruck der unterschiedlichen Machtressourcen von Subjekten.

> »Die soziale Stellung eines Akteurs ist folglich zu definieren anhand seiner Stellung innerhalb der einzelnen Felder, das heißt innerhalb der Verteilungsstruktur der ihnen wirksamen Machtmittel, primär ökonomisches Kapital (in seinen diversen Arten), dann kulturelles und soziales Kapital, schließlich noch symbolisches Kapital, als wahrgenommene und als legitim anerkannte Form der drei vorgenannten Kapitalien (gemeinhin als Prestige, Renommee, usw. bezeichnet). Von hier aus läßt sich ein vereinfachtes Modell des sozialen Raums in seiner Gänze erstellen, anhand dessen für jeden Akteur die jeweilige Stellung in den möglichen Spiel-Räumen auszumachen ist« (Bourdieu 1985: 10f.).

Die größte Macht im Raum kommt nach Bourdieu aber dem Staat zu, der gewissermaßen als Hegemon räumlicher Strukturen in Erscheinung tritt. Durch seinen Einfluss auf den Immobilien- und Arbeitsmarkt, aber auch auf das Bildungswesen, beispielsweise durch die Förderung und Gründung von Schulen, wird der Raum politisch konstruiert (Bourdieu 1997: 166f.). Der physisch-materielle und der soziale Raum stehen bei Bourdieu in Wechselwirkung. Da er den physischen Raum konstruktivistisch denkt, geht er davon aus, dass dieser durch soziale Aneignung ebenso menschengemacht ist wie der soziale Raum. Er betont somit das Zusammenspiel dieser beiden räumlichen Dimensionen (Kajetzke, Schroer 2010: 199).

3.1.3 Spatial Turn

Raum wurde bis zur Mitte des 20. Jahrhunderts in den Wissenschaften in der Regel von einem geographischen Standpunkt aus gedacht und war damit meist dem Behälter-Konzept verhaftet, obgleich bereits zuvor der relationale Raum gedacht worden ist, wie etwa in der Soziologie des Raumes von Georg Simmel. Im Behälter-Konzept vernachlässigte man Aspekte menschlichen Handelns, die später von zentraler Bedeutung für die Geographie, die Soziologie und die Kulturwissenschaften wurden. Soziale Aktionsmuster, individuelle Sichtweisen auf den Raum und die damit einhergehende persönliche Aneignung des Raumes rückten nach Simmel zunehmend in das Interesse der Wissenschaften. Die Bezeichnung Spatial Turn für die Wende räumlicher Auffassungen in den Kultur- und Sozialwissenschaften stammt von dem US-amerikanischen Humangeographen Edward Soja. In seinem Werk »Postmodern Geographies« aus dem Jahr 1989 tauchte dieser Begriff erstmals auf. Er geht dabei von den theoretischen Zugängen Henri Lefebvres und Michel Foucaults aus.[9]

Besondere Bedeutung kommt im Spatial Turn der Arbeit von Henri Lefebvre zu, der in seinem Werk »La production de l'espace« aus dem Jahr 1974 Raum primär als gesellschaftlichen Produktionsprozess definierte. Seine Ausgangsthese war, dass Raum immer auch sozial ist und als solcher aus sozialen Praxen hervorgeht. Nach Lefebvre manifestieren sich in ihm gesellschaftliche und individuelle Wahrnehmungen und damit auch entsprechende Strukturen. Er gliedert Raum in drei Dimensionen:

1. espace perçu - der wahrgenommene Raum bzw. die räumliche Praxis.

---

[9] Foucault plädierte in »Von anderen Räumen« aus dem Jahr 1967 für eine neue Perspektive auf Räume und entwickelte seinen Heterotopiebegriff, auf den ich später noch ausführlich eingehen werde. Foucault 1992.

2. espace conçu - der gedanklich konzipierte Raum bzw. die Repräsentation des Raumes.
3. espace vécu - der gelebte oder erlebte Raum bzw. die Räume der Repräsentation (Lefebvre 2003: 33).

Der espace perçu verweist auf den Raum, den wir mit unseren Sinnen wahrnehmen können. Die räumliche Praxis beschreibt dabei die Handlungen der Menschen, die den Raum in materieller Hinsicht gestalten, sprich den Naturraum und dessen Ressourcen nutzen und ihn verwandeln.

»*La pratique spatiale* d'une société secrète son espace; elle le pose et le suppose, dans une interaction dialectique: elle le produit lentement et sûrement en le dominant et en se l'appropriant. A l'analyse, la pratique spatiale d'une société se découvre en déchiffrant son espace« (Lefebvre 2000: 48)

Die soziale Praxis sichert die Produktion und die Reproduktion des sozialen Raums. Durch kohärente und repetitive Handlungsmuster werden Räume so auf Dauer geformt und gestaltet. Die soziale Praxis bezieht sich damit auch auf den Körper: durch Arbeitsprozesse und durch körperliche Tätigkeiten, die nicht in Bezug zur Arbeit stehen, als auch durch die Aufnahme und Verarbeitung des Wahrgenommenen mittels unserer Sinnesorgane.
Der espace conçu beschreibt die Ebene der gedanklichen Konzeption von Raum, wie beispielsweise in Form von Landkarten. Dies ist der Raum der Planer und Architekten, die die Produktion des Raumes durch ihre Konzepte steuern. In der Realität illustriert die Planung von Häusern, Siedlungen oder Stadtgebieten durch jene Personen das, was Lefebvre als die Repräsentation des Raumes bezeichnet. Er schreibt ihm die dominierende Stellung unter den drei Räumen zu. Da hier die Positionen der Akteure im sozialen Raum darüber entscheiden, wer eine solch bedeutende Stellung einnimmt, sind die un-

terschiedlichen Verteilungen von Kapital unter den Subjekten entscheidend für die Bestimmung des Zugangs zu jenen Berufen, die entsprechendes Machtpotenzial über die räumlichen Strukturen mit sich bringen.

Der espace vécu ist der Raum der Bedeutungsproduktion der Subjekte. Hier fließen symbolische Ordnungen ebenso ein, wie durch individuelle Erfahrungen bedingte emotionale Bindungen an den Raum. Das Individuum produziert seinen erlebten Raum. Ausdruck dieses erlebten Raumes können beispielsweise Werke und Texte von Künstlern oder Philosophen sein, die auch Beschreibungen räumlicher Erfahrungen sind. Damit wird der subjektiv erfahrbaren Dimension von Raum Rechnung getragen, die Lefebvre als die Räume der Repräsentation definiert. Diese räumlichen Erfahrungen werden dominiert von den Auswirkungen des espace conçu und daher eher passiv wahrgenommen (Lefebvre 2003: 38f.).

Diese drei Dimensionen stehen bei Lefebvre in einem dialektischen Verhältnis zueinander und zeigen so die Produktion des Raumes auf. Christian Schmid beschreibt das Zusammenspiel dieser Dimension folgendermaßen:

»Der Ausgangspunkt der Produktion des Raumes ist – um es nochmals deutlich zu machen – die räumliche Praxis, der wahrgenommene und wahrnehmbare Raum, und damit die Sinne, der Körper. Diese Wahrnehmung impliziert unmittelbar einen konzipierten Raum: Wir können einen Raum nicht wahrnehmen ohne ihn zuvor (gedanklich) konzipiert zu haben. Aber diese Konzeption des Raumes ist immer auf ein Ziel und damit wiederum auf eine räumliche Praxis hin ausgerichtet, und sie ist immer auch mit Macht verbunden. Würde sich die Analyse der Produktion des Raumes indessen nur auf diese beiden Aspekte beschränken, bliebe sie in der Abstraktion gefangen. Denn neben dem materiellen Aspekt der Praxis und ihrer Konzeption wird diese Praxis auch erfahren und erlitten, und sie impliziert damit eine Symbolik. Diese Symbolik konstituiert den dritten Aspekt der Produktion des Raumes, das Erlebte, das sich jeweils dialektisch auf die beiden anderen Raumdimensionen bezieht« (Schmid 2005: 226f.).

Auf Lefebvre aufbauend, konzipiert Soja das von ihm so genannte Thirdspace-Konzept, in dem er den Raum in drei ontische Dimensionen gliedert, denen er jeweils eine eigene Genese zuweist. Der Firstspace steht für den geographischen, den physisch-materiellen Raum. Der Secondspace orientiert sich an Lefebvres espace conçu und beinhaltet Raumbegriffe und Raumdenken (Soja 2008: 251). Er ist der Raum geographischer Imagination (Hard 2008: 296). Der Thirdspace ist der gelebte und lebensweltlich wahrgenommene Raum, der von sozialer Bedeutung ist. Er ist sowohl materiell als auch mental und symbolisch verfasst und beinhaltet den Firstspace und den Secondspace, wodurch sich in Sojas Konzept eine Privilegierung des Thirdspace ergibt. Dieser bekommt in seiner Theorie eine progressive und nahezu universalistische Geltungskraft zugeschrieben und steht nach seiner Auffassung als Indikator für eine ontologische Wende im Raumverständnis.

Der Spatial Turn wurde zum Teil sehr kritisch rezipiert. Die Implikationen des Spatial Turn evozierten Deterritorialisierungserfahrungen und -befürchtungen, indem räumliche Grenzen beispielsweise innerhalb von Kommunikationsnetzwerken aufgelöst wurden. Um diesen Befürchtungen entgegenzuwirken, entstanden wiederum Reterritorialisierungskonzepte. Judith Miggelbrink bezeichnet dies als einen »geographischen Reflex« (Miggelbrink 2005: 104). Gerhard Hard spricht wegen der Vermischung unterschiedlicher Perspektiven in Hinblick auf den Raum auch von der Gefahr eines »ontologischen Slums« (Hard 2008: 273), in dem die räumlichen Grenzen sich vollständig auflösen.

Mit dem Spatial Turn wurde Raum wieder neu gedacht und der Diskurs darüber revitalisiert. Ob er wirklich als »eine der wichtigsten politischen Entwicklungen des 20. Jahrhunderts« (Soja 1996: 340) gelten kann, bleibt jedoch diskutabel.

3.1.4 Heterotopien

Der Begriff der Heterotopie wurde von Michel Foucault entwickelt. Er steht dem Konzept der Utopie gegenüber und bezeichnet

> »tatsächlich realisierte Utopien, in denen die wirklichen Plätze innerhalb der Kultur gleichzeitig repräsentiert, bestritten und gewendet sind, gewissermaßen Orte außerhalb der Orte, wiewohl sie tatsächlich geortet werden können« (Foucault 1992: 39).

Damit sind institutionalisierte Orte gemeint, die andere Plätze oder Räume reflektieren oder unwirkliche Orte repräsentieren.

Nach Foucault etabliert jede Kultur eigene Heterotopien, so dass sich eine Fülle von Formen und Variationen offenbart. Diese teilt er in zwei Kategorien ein: Krisenheterotopien und Abweichungsheterotopien. Erstere bezeichnen Orte, die Individuen in Krisenzuständen vorbehalten bleiben.[10] Solche Heterotopien verschwinden heutzutage weitgehend. An ihre Stelle treten Abweichungsheterotopien. Damit sind Räume gemeint, in denen Individuen, die von der Norm abweichen, platziert werden. Beispiele hierfür sind psychiatrische Kliniken oder Gefängnisse. Foucault führt ebenfalls Beispiele für Heterotopien an, die nicht in die beiden oben genannten Kategorien eingeordnet werden können, wie die Bibliothek oder das Museum. Die Zuordnung der Heterotopie ist nicht durch den Raum determiniert, sondern differenziert sich sowohl im historischen Verlauf, als auch in der gesellschaftlichen Ausformung. Allen Heterotopien ist gemein, dass sie,

> »an einen einzigen Ort mehrere Räume, mehrere Platzierungen zusammenlegen, die an sich unvereinbar sind. (...) So läßt das Theater auf dem

---

[10] Er verweist auf die althergebrachten Hochzeitsreisen, wie sie noch bis zur Mitte des 20. Jahrhunderts stattfanden, bei denen die Defloration des Mädchens gewissermaßen im »Nirgendwo« vollzogen wurde, wie etwa in einem Hotelzimmer, einem flüchtigen Raum ohne geographische Fixierung.

Viereck der Bühne eine ganze Reihe von einander fremden Orten aufeinander folgen; so ist das Kino ein merkwürdiger viereckiger Saal, in dessen Hintergrund man einen zweidimensionalen Schirm einen dreidimensionalen Raum sich projizieren sieht« (Foucault 1992: 42).

Heterotopien können außerdem an individuelle Zeitschnitte gebunden sein. Die Subjekte erleben dann einen Bruch in der Zeit, wenn die Funktion der jeweiligen Heterotopie ausgeführt wird.[11] Foucault bezeichnet diese Zeitschnitte entsprechend als Heterochronien (Foucault 1992: 43). Ein weiterer Grundsatz von Heterotopien ist, dass sie immer ein System von Öffnung und Schließung voraussetzen, welches sie »gleichzeitig isoliert und durchdringlich macht« (Foucault 1992: 44). Damit wird auf das Maß an Kontrolle hingewiesen, das jede Heterotopie mit sich bringt. So werden im Fall von Kasernen und Gefängnissen die Insassen zum Eintreten und Verweilen gezwungen, während bei anderen Heterotopien Riten, Bräuche oder schlichtweg Kapital über den Eintritt entscheiden. Dadurch wird der Zugang kontrolliert. Foucault beschließt sein Konzept mit der Aussage, dass Heterotopien eine Funktion gegenüber dem verbleibenden Raum haben.

> »Diese entfaltet sich zwischen zwei extremen Polen. Entweder haben sie einen Illusionsraum zu schaffen, der den gesamten Realraum, alle Platzierungen in die das menschliche Leben gesperrt ist, als noch illusorischer denunziert. Oder man schafft einen anderen Raum, einen anderen wirklichen Raum, der so vollkommen, so sorgfältig, so wohlgeordnet ist wie der unsrige ungeordnet, mißraten und wirr ist. Das wäre also nicht die Illusionsheterotopie, sondern die Kompensationsheterotopie« (Foucault 1992: 45).

Als letztes Beispiel führt Foucault das Schiff als die Heterotopie schlechthin an, da es ein Ort ohne Ort ist, weil es sich über die Meere bewegt, verschiedenste Ladungen und Menschen beherbergt und so-

---

[11] Zum Beispiel ein Einschluss im Gefängnis oder ein Krankenhausaufenthalt.

mit seit dem 16. Jahrhundert das größte Imaginationsarsenal ist (Foucault 1992: 46).

Foucaults Modell der Heterotopien und Heterochronien erlaubt es, Raum in seiner Vielgestaltigkeit zu denken. Für die folgende Untersuchung der »Räume im Raum« wird es deshalb sehr hilfreich sein.

3.1.5 Narrativer Raum

Der narrative Raum ist ein Konzept, welches sich auf die Wirkung von Erzählungen im Raum bezieht, die sich wiederum durch Handlungen im Alltag realisieren können. Durch Bedeutungszuschreibungen eines Kollektivs werden Räume von Menschen angeeignet, wodurch über die Zeit neue Bedeutungen über die Zeit entstehen können. Ein solcher Prozess lässt sich auch in Wacken feststellen.

Den Begriff des narrativen Raumes wurde von Richard Sennett 1991 in seiner Monografie »Civitas« entwickelt. Er erklärt ihn am Beispiel des Verhaltens von Kindern in New York, die sich »Spielplätze« schaffen, indem sie den Räumen entsprechende Bedeutungen zuschreiben. Anstatt die für sie vorgesehenen Bereiche zu nutzen, die in der Stadtplanung als eigentliche Spielplätze angelegt sind, suchen sie andere Orte auf, beispielsweise einen Bezirk in Manhattan, der dann zum »Spielplatz« wird. Es findet somit eine Verschiebung der Raumbedeutungen durch das agierende Subjekt statt (Sennett 1991: 243).

Der »narrative Anfang« soll hier besonders hervorgehoben werden. Sennett wendet Überlegungen aus den Literaturwissenschaften auf die Stadtsoziologie an, indem er das Konzept eines literarischen Anfangs auf die Bedeutungszuschreibungen im Alltag überträgt:

> »Ein Spielplatz in einer Stadt ist ein Ort für einen Anfang durch Flucht. Bei einem literarischen Anfang verständigen sich der Autor und sein Leser auf eine Konvention: der Autor hält Informationen zurück, die das Geschehen unmittelbar erklären würden, und der Leser akzeptiert diesen Mangel. Mit anderen Worten, die Zeit wird mit den Möglichkeiten des

Unerwarteten, mit den Möglichkeiten der Veränderung ausgestattet, auf diese Weise bildet der Anfang die Grundlage für eine Bewegung. An einem Ort des Anfangs wird das Interesse an dem, was noch geschehen wird, auf eine ähnliche Weise erzeugt« (Sennett 1991: 248f.).

Das Konzept des narrativen Raums, das Sennett auf die Stadt bezieht, lässt sich ebenso auf andere Räume anwenden. Dort, wo Menschen Räume entwerfen und gestalten, können sich Erzählungen und Alltagshandlungen im Verlauf der Zeit in den Raum einschreiben und ihm somit neue Bedeutung verleihen. Für diese Arbeit ist besonders die Schaffung eines narrativen Anfangs im Raum von Bedeutung.

3.1.6 Symbolischer Raum

Symbole nehmen bei der Konstitution von Räumen eine wichtige Rolle ein. Sie sind ein wesentlicher Faktor bei den Raumaneignungsprozessen. Symbole werden als sinnliche Zeichen und Bilder begriffen, auf die sich eine Gemeinschaft verständigt hat.

> »Mit der Herstellung und der Interpretation von Symbolen arbeitet eine Gemeinschaft an ihrem Ordnungsgefüge, indem sie Kommunikations- und Handlungszusammenhänge auf eine Art und Weise medial verdichtet, die Anspruch auf eine gewisse Dauer und Wiederholbarkeit erhebt« (Berndt, Drügh 2009: 339).

Symbole können Ordnungen und Differenzierungen generieren. Unterscheidungen in Freund und Feind, Gut und Böse, hässlich und schön, Zugehörigkeit und Ausschluss basieren auf symbolischen Institutionalisierungen. Damit sind Symbole ein wesentlicher Bestandteil für die Etablierung von Ideologien und Weltbildern.
Die Institutionalisierung eines Symbols benötigt den Konsens einer Gruppe. Indem ein Symbol wahrgenommen wird, kann es von einem Subjekt angeeignet und in Handlungen umgesetzt werden. Durch Symbole versuchen sich Menschen gewisse vorhandene Merkmale aufzuzeigen, um damit Reaktionen für einen bestimmten Ablauf aus-

zulösen (Mead 2009: 375). Somit können Handlungen durch Symbole beeinflusst sein oder selbst als Ausdruck eines symbolischen Aktes fungieren. Das symbolische Kapital im Sinne Pierre Bourdieus ist für die Handlungsmotivation der Akteure ein entscheidender Faktor, da sich mit ihm die lebensstiltypischen Ausprägungen einer Gruppe bezüglich ihrer Repräsentation und Distinktion aufzeigen lassen. Die Möglichkeiten bei der Raumkonstitution sind deshalb nicht nur von materiellen, sondern auch von symbolischen Faktoren abhängig, die in einer Handlungssituation vorgefunden werden (Löw 2001: 191). Der Bezug von Symbolen zu handelnden Subjekten äußert sich in verschiedenen medialen Formen. Dabei ist die Sprache als Medium die Wurzel eines jeden Symbols. Nach Cassirer erlernt der Mensch mit der Fähigkeit zu sprechen bzw. Sprache zu verstehen auch ein Bewusstsein für Symbole. Dies kann als Teil des persönlichen Habitus betrachtet werden. Sprache und Ding verbinden sich im Symbol. Es findet eine geistige Einheitsbildung statt (Cassirer 2009: 199). Im Falle der Heavy Metal-Szene werden viele Symbole aus Mythologien verwendet. Der Bezug zur Ästhetik und Kunst wird im Symbolbewusstsein der Szenekultur offensichtlich. Wie jene Symbole im Raum wirken und zu seiner Inszenierung und der Schaffung einer Atmosphäre beitragen, wird in dieser Untersuchung zu klären sein. In dieser Hinsicht beschreibt Cassirer die Wirkung von Symbolen im Raum treffend:

>»Die Gestaltung in den bildenden Künsten – in der Malerei, der Plastik, der Architektur – vollzieht sich nicht derart, daß sie alle ein bestimmtes Bild, daß sie gewissermaßen eine fertige Schablone des Anschauungsraumes zugrunde legen und dann in diese Schablone ihre besonderen Gegenstände eintragen. Sie alle finden den Raum nicht einfach vor, sondern sie müssen ihn sich erobern – und sie erobern sich ihn je auf eine eigene und ihnen spezifische Weise. Sie sind nicht bloße Umsetzungen und Nachzeichnungen einer feststehenden und vorhandenen Räumlichkeit, sondern sie sind Wege zum Raum – sie bilden nicht das bestehende

›Auseinander‹ der Dinge mechanisch nach, sondern sie sind wesentliche Organe der Raumgestaltung« (Cassirer 2009: 192f.).

3.1.7 Raum in der Europäischen Ethnologie/Volkskunde

Raumaneignungsprozesse sind ein wichtiges Thema in der Europäischen Ethnologie/Volkskunde. 1952 widmete sich Richard Weiss in »Kulturgrenzen und ihre Bestimmung durch volkskundliche Karten« diesem wissenschaftlichen Feld. Er schlug eine Unterscheidung von subjektivem und objektivem Raum vor. Hermann Bausinger verwies 1988 in seinem Aufsatz »Räumliche Orientierung« auf die Arbeit von Weiss und plädierte dafür, raumbezogene Fragen mehr vom Subjekt aus zu betrachten. Die Schwierigkeit in der Darstellung verschiedener Raumbezüge stelle die Volkskunde vor neue Aufgaben, da sich mit raumstatistischen Methoden die subjektiven Dimensionen nicht zeigen ließen. Bausinger fordert in diesem Zusammenhang ein interdisziplinäres Arbeiten ein. Er macht darauf aufmerksam, dass Raum in gewisser Weise immer auch Raumverständnis ist und vertritt hier seine Auffassung eines relationalen Raumes als sozialem Konstrukt mit Bezug auf Kant, Simmel und Durkheim. »Es gibt nur semantisierte Räume; die Bedeutung ist von der jeweiligen Kultur abhängig« (Bausinger 1988: 46).
In »Auf der Suche nach Heimat« entwickelte Ina-Maria Greverus 1979 ein Raumorientierungsmodell als Ausgang für die Untersuchung des Verhältnisses zwischen Menschen und ihren Lebensräumen. Sie stützt sich dabei auf die Arbeit von Erik Cohen, der ein solches Modell schon 1976 vorschlug (Cohen 1976: 49-69). Greverus beschreibt vier Kategorien der räumlichen Orientierung:

1. Die instrumentale Raumorientierung bezieht sich auf die Ressourcen für eine materielle Existenzsicherung, ihre Erschließung und ihre Nutzungsmöglichkeiten.

2. Die kontrollierende Raumorientierung bezieht sich auf formelle und informelle Kontrolle und Mitbestimmung, die die Besitzer im öffentlichen und privaten Bereich über den Raum innehaben bzw. erhalten.

3. Die soziokulturelle Raumorientierung erwächst aus der für die Entfaltung der Persönlichkeit, aber auch für die Auswirkungen von gesellschaftlicher Macht wichtigen sozialen und kulturellen Aktivitäts-, Interaktions-, Prestige- und Regenerationsvalenz des Raums.

4. Die symbolische Raumorientierung gilt den ästhetischen Präferenzen, aber auch spezifischen Traditions-, Image- und Erinnerungswerten, die mit den Raumdetails verbunden sind und in die Weltsicht der an ihn orientierten Menschen eingehen oder politisch-strategisch eingesetzt werden (Greverus 2009: 63).

Der kulturanthropologische Ansatz von Greverus bezieht sich auf die Wechselwirkung zwischen der gestalteten Natur und dem Menschen im Alltag. Raum soll somit aus der Sicht eines kulturell handelnden und erfahrenden Menschen verstanden werden (Greverus 2009: 64). Daher sei der zu untersuchende Raum in der Volkskunde immer sozial und kulturell zu verstehen.

Eine stärkere Fokussierung auf die kulturelle Dimension des Raumes lässt sich ebenfalls in Johanna Rolshovens Arbeiten erkennen. Auch sie geht von den Annahmen Durkheims und Lefebvres aus und rückt den sozialen und subjektiven Aspekt des Raumes in den Vordergrund. Mit Bezug auf den espace vécu spricht sie vom Alltagsraum als gelebten Raum (Rolshoven 2003: 200). Ihr Konzept des sozialen Raumes beinhaltet zwei grundlegende Dimensionen, die ihn ergeben. Zum einen der individuell gelebte Raum im Sinne des espace vécu, der im Alltag produziert wird und dort seine kulturelle Wirkung entfaltet, zum anderen der spezifisch gesellschaftliche Raum, von dem wiederum der subjektive Prozess der Raumaneignung abhängig ist.

»Gesellschaftliche Räume sind vorab Bedeutungsträger, deren ›Handlungsgrammatik‹ (Köstlin) die individuelle Raumwahrnehmung und Raumaneignung strukturiert; sie sind damit semiotisch konstitutiv für die konkrete Raumerfahrung: Auf seinen täglichen Wegen bewegt sich der Mensch nicht in neutralen Raumgefäßen, sondern in Bedeutungsräumen, welche als unsichtbare Grenzhüter die normative Codierung für Einzelne oder Gruppen bestimmen« (Rolshoven 2003: 197).

Der so definierte gesellschaftliche Raum gibt den Rahmen für den individuell gelebten Raum vor, der sich dann, je nach bereits eingeschriebenen Bedeutungen, weiter entfaltet. Diese beiden Ebenen ergeben den sozialen Raum, in dem »das Individuelle und das Gesellschaftliche, das Dazugehörige und das nicht Dazugehörige, das Lokale und Globale, das Konkrete und das Imaginierte, Praxis und Repräsentation« (Rolshoven 2003: 207) ineinandergreifen. Diese Konzeption von Raum führt die bekannten Konzepte zusammen und fixiert sie im Alltag. Darin ist auch der volkskundliche Ansatz räumlicher Untersuchungen für sie definiert.

Die bisherige Raumbindung von Kulturen hat sich im Zuge moderner Verkehrs- und Kommunikationsnetzwerke stark verändert (Welz 1998: 177). Diese Erkenntnis ist im Zuge der vielen verschiedenen Raumtheorien ein zwingendes Axiom. Gisela Welz diskutiert in ihrem Aufsatz »Moving Targets«, wie sich Mobilisierungsprozesse von Kultur unmittelbar auf Gestaltungen und Strukturen im sozialen und physisch-materiellen Raum auswirken.

»Kulturen und die Menschen, die kulturelle Praxen und Diskurse hervorbringen, sind Ende des 20. Jahrhunderts ›moving targets‹, bewegliche Ziele, auf die die Forschung ihre Perspektive immer wieder neu einstellen muss« (Welz 1998: 177).

Die Relevanz dieses Aufsatzes für die folgende Raumanalyse liegt in der Feststellung begründet, dass Menschen als Bedeutungsträger für

Räume Raumaneignungsprozesse nicht nur innerhalb ihrer Gemeinden, sondern mittels Verkehrs- und Kommunikationsnetze auch weit darüber hinaus realisieren können. Erkenntnisse aus dem Bereich der Gemeindeforschung können nur bedingt einen Beitrag zur Erforschung moderner Raumstrukturen liefern. Die darin angewandte Feldforschung ist auf eine Verortung von Kultur in einem konkreten geographischen Raum fokussiert (Welz 1998: 180), wodurch moderne Prozesse der Mobilisierung von Kultur außer Acht gelassen werden. Die Handlungsräume der Menschen haben sich immer mehr erweitert. Arbeit, Konsum und Kontakte finden längst nicht mehr primär an dem Ort statt, an dem man ansässig ist. Welz betont insbesondere die individuellen Aktionsräume, deren Radius je nach den Mitteln, die den Menschen zur Verfügung stehen, variiert. Unter der Annahme,

> »daß Mobilität anstelle von Ansässigkeit die Regel ist, verschiebt sich die ethnographische Perspektive. Im Fokus ist dann nicht mehr die Beschreibung einer Lokalität, sondern die Frage, wie und warum Prozesse der Lokalisierung sich an diesem Ort festmachen« (Welz 1998: 183).

Sie schlägt deshalb eine »multi-sited ethnography« als Untersuchungsmethode vor. Der Ansatz der »multi-sited ethnography« wurde von dem amerikanischen Kulturanthropologen George Marcus formuliert (Marcus 1995: 95-117). Die Anbindung von Orten an globale Netzwerke, wie supranationale Institutionen, virtuelle Räume, Kommunikationsnetzwerke und kosmopolitische Milieus wird bei dieser Vorgehensweise berücksichtigt. Von diesem Konzept aus skizziert Welz drei Arbeitsfelder einer kulturwissenschaftlichen Mobilitätsforschung. Dabei ist Mobilität die beobachtungsleitende Kategorie. Das erste Feld sind die mobilen Praxen; die verschiedenen kulturellen Handlungsformen, die an Mobilität gebunden sind oder an sie gebunden werden. Als Beispiel hierfür nennt sie unter anderem Tourismus, Flucht und Vertreibung, aber auch das »Surfen« im Internet. Das zweite Arbeitsfeld beschäftigt sich mit Mobilität als Faktor sozialer Ungleichheit. Darin geht es um die Zugänge zu Mobilität und deren Verfügbarkeit für verschiedene soziale Klassen, Geschlechter und Ethnien. Das dritte Feld trägt der Mobilisierung von Wissen Rechnung. Dort werden die modernen Informations- und Kommunikationstechnologien untersucht, die eine weitgehende Autonomisierung der Wissensnutzer mit sich bringen und verschiedene Formen von Wissen global verfügbar machen (Welz 1998: 192).

3.1.8 Dynamik im Raum

»In dem Ausmaß, in dem Menschen heute mit ihren kulturellen ›Bedeutungen‹ im Raum unterwegs sind und in dem diese Bedeutungen selbst da auf Wanderschaft gehen, wo die Menschen an ihren angestammten Orten bleiben, können geographische Räume nicht wirklich beinhalten oder gar begrenzen« (Hannerz 1995: 68).

Ulf Hannerz hat sich in seinem Text »Kultur in einer vernetzten Welt« 1995 der Überwindung von Zeit und Raum durch die Kommunikationstechnologien zugewandt. Die Auswirkung der Vernetzung auf räumliche Strukturen wurde in den bisherigen Raumkonzepten nur wenig bis gar nicht berücksichtigt. Anstatt hier eine weitere Bedeutungebene von Raum zu beschreiben, nämlich die der Medien, möchte ich die Überlegungen zu diesem Phänomen als Implikationen für eine moderne Raumforschung verstanden wissen. Mit Netzwerken wie z. B. Online Communities oder virtuellen Spielewelten im Internet wurden neue Räume geschaffen, die wiederum Auswirkungen auf den sozialen und damit auch den physisch-materiellen Raum haben. Diese virtuellen Räume unterliegen eigenen Regeln, welche hier nicht weiter von Bedeutung sind. Nur ihre Auswirkungen auf die in der Realität vorhandenen Raumstrukturen und Aneignungsprozesse sollen hier Erwähnung finden. Die Beziehungen zwischen Lokalem und Globalem steht dabei im Vordergrund. So ist für meinen Forschungs-

gegenstand Marshall McLuhans Theorie des »global village« von wesentlicher Bedeutung. McLuhan beschrieb die Auswirkung moderner
Kommunikationstechnologien auf die Gesellschaft. Dabei kam er zu
der Auffassung, dass Medien, wie das Telefon und der Computer, die
Entfernungen zwischen den Menschen auflösen. Man wird in dem
Sinne körperlos, als dass diese Medien es möglich machen, sich an
verschiedene Orte per Knopfdruck zu projizieren.

> »Nach einem 3000 Jahre währenden Zeitalter der Explosion treten wir
> nun in das Zeitalter der Implosion. Das elektronische Feld der Simulta-
> nität verbindet jeden einzelnen mit jedem anderen. Alle Individuen mit
> ihren Bedürfnissen und ihrem Streben nach Befriedigung existieren im
> Zeitalter der Kommunikation zur gleichen Zeit« (McLuhan, Powers
> 1995: 130).

Implosion meint hier die Fokussierung der Kommunikationstechnologien auf einen Raum. Anstatt einer weiteren Differenzierung in viele
lokale und regionale Netzwerke sieht McLuhan in den neuen Medien
ein Zusammenschrumpfen des Raumes. Nimmt man das Beispiel des
Internets, so lässt sich dies einfach nachvollziehen: Im World Wide
Web treffen Menschen aus verschiedenen Ländern und Kulturen in
einem Raum zusammen, nämlich dem virtuellen Raum, z. B. in Form
von Chat-Räumen oder Online-Spielen. So verdichtet sich nach
McLuhan der gesellschaftliche Raum – er implodiert. Da jene neuen
Medien eine hohe Relevanz für die Organisation und Popularisierung
des Wacken Open Air haben, ist eine Verknüpfung von McLuhans
Medientheorie mit der Raumfrage für eine umfassende Darstellung
des zu untersuchenden Phänomens gewinnbringend.

Es zeigt sich, wie schwer es moderne Raumkonzepte haben, die verschiedenen gesellschaftlichen Faktoren zu integrieren. In den vergangenen zehn Jahren sind in Deutschland besonders zwei neue Konzepte
diskutiert worden. Dabei handelt es sich zum einen um die Raumsoziologie von Martina Löw und zum anderen um das »alltägliche Geo-

graphie-Machen« aus der Sozialgeographie Benno Werlens. Beide Ansätze eint die Vorstellung eines relationalen Raumes, der primär durch die Handlungen der Menschen im Alltag geformt wird. In dieser Arbeit sollen sie angewandt werden, um die verschiedenen Faktoren der Raumkonstitution zusammenzuführen.

In ihrer Raumsoziologie schlägt Löw ein Konzept zur Erfassung räumlicher Strukturen vor, welches den Raum über Spacing und Syntheseleistungen definiert. Der Begriff des Spacing ist den Arbeiten von Anthony Giddens entlehnt. Er bezeichnet das Platzieren von Gütern und Subjekten zueinander. Durch ihre Positionierung entstehen Verbindungen und Interaktionen zwischen ihnen, wodurch wiederum Räume hervorgebracht werden. So gestaltet sich der materielle Raum durch die Anordnung sozialer Güter und Subjekte. Als soziale Güter bezeichnet Löw die Dinge oder »Körper«, die sowohl eine materielle als auch symbolische Komponente haben. Als Beispiele hierfür nennt sie unter anderem Türen, Wände und Fenster. Sie unterscheidet primär materielle Güter (z. B. Tische und Stühle) und primär symbolische Güter (z. B. Lieder oder Werte) (Löw 2001: 153). Die Art und Weise, wie Menschen zu einer eigenen Vorstellung von Raum gelangen und ihn somit durch Erfahrungen, Werte und Erinnerungen konstruieren, wird von Löw mit dem Begriff Syntheseleistung beschrieben.

Der Begriff der Synthese findet sich in diesem Zusammenhang erstmals bei Norbert Elias in dessen Schrift »Über die Zeit« (1984). Er bezeichnet damit die Fähigkeit der Akteure, ihren Raum über kognitive Leistungen zu gestalten und somit die Dinge und Körper zu einer eigenen Raumwahrnehmung zu synthetisieren. Der Raumbegriff von Martina Löw verknüpft nun diese beiden Theorien und liefert damit eine Methode zur Erfassung relationaler Raumstrukturen. Zusammenfassend erläutert Löw ihr Konzept wie folgt:

>»Auf eine Kurzformel gebracht, kann man sagen, die Konstitution von Räumen geschieht durch (strukturierte) (An)Ordnungen von sozialen

Gütern und Menschen an Orten. Räume werden im Handeln geschaffen, indem Objekte und Menschen synthetisiert und relational angeordnet werden. Dabei findet der Handlungsvollzug in vorarrangierten Räumen statt und geschieht im alltäglichen Handeln im Rückgriff auf institutionalisierte (An)Ordnungen und räumlichen Strukturen«« (Löw 2001: 204).

Die Überlegungen aus Benno Werlens Sozialgeographie weisen einige Ähnlichkeiten zu Löws Raumsoziologie auf. Auch er geht von einer prozesshaften Entstehung der Räume durch die Handlungen der Menschen aus. Entsprechend bezeichnet er seine Disziplin als handlungstheoretische Sozialgeographie. Für ihn liegt der Gegenstand sozialgeographischer Forschung in den menschlichen Tätigkeiten »unter Berücksichtigung sozial-kultureller und physisch-materieller Bedingungen« (Werlen 2000: 310). Diese raumkonstituierenden Prozesse bezeichnet er als alltägliche Regionalisierungen, die Ausdruck des »alltäglichen Geographie-Machens« der Subjekte sind, welche entsprechend das Ziel der Erkenntnis sein müssen. Dabei unterscheidet er drei Haupttypen, die den jeweiligen Forschungsbereich vorgeben:

1. produktiv-konsumtive Formen und die Geographie der Produktion und Konsumtion.
2. normativ-politische Formen und die alltäglichen Geographien der normativen Aneignungen und der politischen Kontrolle.
3. informativ-signifikative Formen und die Geographie der Information und der symbolischen Aneignungen (Werlen 2000: 355).

Über die Formen gestaltet sich die Gesamtheit des Raumes. Auch hier zeigt sich wieder eine dreidimensionale Vorgehensweise. »Der Kernpunkt des Interesses ist die Erforschung der Bedeutung räumlicher Aspekte in der sozialen Alltagspraxis« (Werlen 1997: 208). Die handlungs- und subjektzentrierte Konzeption und Interpretation alltäglicher Regionalisierungen soll folglich aufzeigen, »wie die Subjekte die Welt auf ihren lokal situierten Körper beziehen« (Werlen 1997: 212). Einen wichtigen Kritikpunkt an diesen beiden Ansätzen hat Markus Schroer angesprochen. Dieser warnt vor der Gefahr eines Raumvoluntarismus. Er gibt zu bedenken, dass, nur weil jeder Raum sozial erzeugt ist, wir nicht jeden Raum sozial erzeugen können. Dies beweist sehr gut das Beispiel des Gefängnisses. Als Insasse wird man selbst in diesen Raum platziert und ist in dem Sinne nur ein Körper, der einen Teil der Raumkonstitution ausmacht. Der Raum kann in diesem Fall nur eingeschränkt angeeignet werden. Das räumliche Arrangement gibt hier ein Verhalten vor, welches durch Machtmechanismen diktiert wird (Schroer 2006: 26). Somit kann aus Sicht des Insassen vom »alltäglichen Geographie-Machen« keine Rede sein. Damit spricht sich Schroer auch für den Erhalt verschiedener Raumtheorien aus, da nicht jeder Raum mit demselben Konzept erschlossen werden kann. So behält beispielsweise die Vorstellung des absoluten Raumes im Falle des Gefängnisses ihre Gültigkeit.

3.2 Methoden

Um den Raum Wacken in seiner Differenziertheit zu erfassen, habe ich mich für eine Triangulation entschieden, die es erlaubt, den Raum aus unterschiedlichen Perspektiven zu erfassen. Bei einer Triangulation wird ein Forschungsgegenstand von mindestens zwei Punkten aus betrachtet (Flick 2004: 11). Mit diesem Ansatz können unterschiedliche Konstruktionen eines Phänomens aufgezeigt werden (Flick 2004: 25).
Ich selbst habe das Wacken Open Air seit 2001 siebenmal besucht. Dabei habe ich Erfahrungen gemacht, die mir die Orientierung im Raum erleichterten. Ich startete zudem einen Schreibaufruf[12] bei mir

---

[12] Zur Methode des Schreibaufrufes Warneken 1985.

bekannten Besuchern des Festivals, mit der Bitte, Erinnerungsberichte über ihre Besuche in Wacken anzufertigen. Nach Erhalt der Texte folgten im zweiten Schritt noch Fragen zu einzelnen Aspekten, die mir eine Vergleichbarkeit der verschiedenen Schilderungen ermöglichen sollte. Mit diesen Quellen konnte ich Informationen zu der subjektbezogenen Raumwahrnehmung der Festivalbesucher gewinnen. Weiterhin habe ich u. a. Gespräche mit dem Veranstalter und dem Bürgermeister geführt, sowie den Landwirt, der über viele Jahre für die Bereitstellung der Flächen verantwortlich war, interviewt. Ich habe mich für die Form des systematisierenden Experteninterviews entschieden und jeweils auf die Person zugeschnittene Interviewleitfäden entworfen, um auf ihre jeweilige Lebenssituation und Kompetenzen eingehen zu können.

Im Jahr 2009 reiste ich zum Festival, um dort eine teilnehmende Beobachtung durchzuführen. Im Forschungstagebuch hielt ich meine Beobachtungen, Eindrücke und Gedanken fest. Des Weiteren habe ich bei meinem Aufenthalt auf dem Wacken Open Air 2009 eine Fotostrecke erstellt, die für eine Bildanalyse verwendet wurde. 2010 habe ich im Sinne einer Vorher/Nachher-Konzeption weitere Bilder vom Ort in seinem alltäglichen Zustand gemacht, um eine Vergleichsebene zu erhalten. Da es mittlerweile einige Beiträge über Wacken gibt, sei es in Form von Berichten, Dokumentationen oder Büchern, standen mir mehrere Quellen speziell über das Festival zur Verfügung.

Zusammen gestatten mir diese Methoden, das Phänomen Wacken aus verschiedenen Perspektiven zu untersuchen. Der Sinn einer Triangulation besteht darin, unterschiedliche Sorten von Daten zu erhalten, die differente Aspekte des Themas beleuchten. Diese Herangehensweise vervollständigt das Bild der Untersuchung, objektiviert es aber nicht (Flick 2004: 18). Der Gewinn aus dieser Pluralität von Methoden liegt außerdem in der gegenseitigen Absicherung der Informationen. So kann mittels der Bildanalyse der physisch-materielle Raum anhand mehrerer Beispiele in seiner Oszillation aufgezeigt werden, während das Dargestellte durch die Informationen der Erinnerungsberichte interpretiert werden kann. Der Forschungsgegenstand wird somit von mehreren Positionen aus betrachtet. Phänomene, die durch eine einzelne Methode nicht ausreichend zu erklären sind, können durch die multiple Triangulation mehrdimensional betrachtet und analysiert werden.

3.2.1 Erinnerungsberichte

Aufgrund meiner persönlichen Nähe zum Feld fanden sich problemlos mehrere Personen, die bereit waren, ihre Erinnerungen in Form eines freien Berichts niederzuschreiben. Im ersten Schritt des Schreibaufrufs ließ ich den Teilnehmern alle Freiheit in Bezug auf das Schreiben. Ich erklärte das Thema meiner Arbeit in vereinfachter Form, um einen groben Rahmen abzustecken, vermied es aber, den Schreibfluss durch weitere Vorgaben meinerseits zu reglementieren. Nach Erhalt wurden dann im zweiten Schritt gezielt schriftliche Fragen gestellt wie: »Was waren für dich Orientierungspunkte?« oder: »Welche Atmosphäre hat Wacken für dich?«

Je nach Informationsgehalt des Textes variierten die Fragen leicht, waren jedoch immer Teil eines Fragenkatalogs, den ich für die Erinnerungsberichte entwickelt hatte. So erhielt ich eine Vergleichsebene, die eine Ordnung der Ergebnisse ermöglichte. Mir lagen letztlich 18 solcher Berichte vor. Diese Berichte sollen als Grundlage zur Bestimmung subjektiver Raumwahrnehmungen und Raumaneignungen dienen. So erhaltene Informationen zeigen Aspekte auf, die für die Spacing- und Syntheseprozesse im Raum von Bedeutung sein werden. Mittels Deduktion lassen sich außerdem Schlüsse bezüglich der Attitüden der Besucher zum Festival ziehen.

3.2.2 (Experten)Interviews

Ich habe fünf Personen interviewt, die gewissermaßen je anderen Ressorts zugeteilt sind und die mit ihrem Fachwissen wichtige Informationen für die jeweilen Aspekte der räumlichen Gestaltung beigetragen haben. So erzählte mir Bürgermeister Axel Kunkel von den organisatorischen Arbeiten und Hürden in den Gemeinden, die Teil des Open Air sind. Diskussionen innerhalb der Gemeindevertretung, aber auch infrastrukturelle Entwicklungen in Wacken waren Teil des Gesprächs. Thomas Jensen, einer der beiden Initiatoren und Veranstalter des Festivals, gab Einblicke in den organisatorischen Ablauf und die Geschichte des Festivals. Ein weiterer Gesprächspartner war Herr Trede, ein Landwirt aus der Gegend, der die längste Zeit des Festivalbestehens für die Flächen verantwortlich war, als Person einen »Kultstatus« für das Festival hat und außerdem Hauptprotagonist in der Dokumentation von Hyung Sung Cho ist. Des Weiteren habe ich Gespräche mit Herrn Teske, einem Angestellten der örtlichen Gaststätte und Manfred Brandt, einem Einheimischen, geführt. Beide haben das Festival von Beginn an miterlebt, konnten also über die Entwicklung und die damit einhergehenden Prozesse vor Ort Auskunft geben. Mein letzter Gesprächspartner war Julien Vosgerau, ein langjähriger Heavy Metal-Fan und mehrfacher Besucher des Festivals, der 2002 das W.O.A. zum ersten Mal besuchte.

Durch dieses Sample sollte vielfältiges (Experten)Wissen zusammengetragen werden, um die speziellen Prozesse der Raumkonstitution nachzuvollziehen. Die Form meiner Interviews richtete sich am Gesprächspartner aus. Ich entschied mich für systematisierende Experteninterviews, da bei dieser Variante »das aus der Praxis gewonnene, reflexiv verfügbare und spontan kommunizierbare Handlungs- und Erfahrungswissen« (Bogner, Menz 2005: 37) im Vordergrund steht.

> »Der Experte klärt auf über ›objektive‹ Tatbestände, erläutert seine Sicht der Dinge zu einem bestimmten Themenausschnitt usw. Der Experte

wird hier also in erster Linie als ›Ratgeber‹ gesehen, als jemand, der über
ein bestimmtes, dem Forscher nicht zugängliches Fachwissen verfügt«
(Bogner, Menz 2005: 37).

Dabei griff ich auf Interviewleitfäden zurück, die auf die jeweiligen
Personen zugeschnitten waren und ihrem Erfahrungshorizont Rechnung trugen. Bei den Gesprächen kam mir mein persönlicher Bezug
zum Thema in der Hinsicht zugute, als dass meine Gesprächspartner
erkannten, dass sie keine »Selbstverständlichkeiten«, wie die Abläufe
des Kartenvorverkaufs oder die Beschaffenheit einzelner Bühnen erläutern mussten.

3.2.3 Qualitative Inhaltsanalyse

Die systematisierenden Experteninterviews und die Erinnerungsberichte wurden nach den Vorgaben der qualitativen Inhaltsanalyse ausgewertet. Die von mir angewandte Methode beruht auf dem Modell
von Jochen Gläser und Grit Laudel, welches wiederum auf Mayrings
qualitativer Inhaltsanalyse aufbaut (Mayring 2003). Bei dieser Vorgehensweise werden die extrahierten Textfragmente in Kategorien eingeordnet, die in den Vorüberlegungen zum Thema erstellt worden
sind. Das Kategoriensystem steckt damit den Rahmen für die Interpretation ab und ermöglicht die Fixierung der Informationen in den
vorgegebenen, nach Relevanzkriterien aufgebauten Kategorien. Nach
Gläser und Laudel müssen diese jedoch nicht von Beginn an unverän-
derlich sein, sondern können auch je nach Informationsgehalt der
Quelle verändert oder ergänzt werden. Die Offenheit des Kategorie-
nsystems sorgt dafür, dass auch nicht antizipierte Ausprägungen in
den Texten ihren Weg in die Analyse finden. Der Prozess der Extrak-
tion, d. h. der Such- und Interpretationsprozess von Informationen in
den jeweiligen Quellen, ist somit maßgebend für die Entstehung der
Kategorien, denn die theoretischen Vorüberlegungen sind auf diese
Weise nicht mehr das strukturgebende Element der Auswertung, son-

dern die im Material enthaltenden Informationen (Gläser, Laudel 2009: 201ff.). Der thematische Bezug zu dem Kategoriensystem muss dennoch gegeben sein. Deshalb werden in der Methode von Gläser und Laudel auch keine der vorher entstandenen Kategorien später ersetzt, wie es bei der Mayringschen Variante der Fall sein konnte. Die theoretisch abgeleiteten Kategorien bleiben die Basis für die Überlegungen und Interpretationen der Quellen. Anstatt sie zu ersetzen, wird das System erweitert.

»Das Spannungsverhältnis von Theorie und Daten wird also aufrechterhalten und kann in einem späten Stadium der Auswertung, das heißt mit einer wesentlich besseren Kenntnis des Materials, behandelt werden« (Gläser, Laudel 2009: 205).

3.2.4 Bildanalyse

Durch die Fotostrecke ließ sich der Zustand Wackens sowohl während des Festivalzeitraums als auch danach visuell festhalten und dokumentieren. Anhand der Bilder können Aussagen über die physisch-materielle, aber auch die soziale und symbolische Dimension des Raumes getroffen werden. Die Vorher/Nachher-Konzeption der Bildanalyse zeigt die Oszillation des Raumes auf, an der man Transformationsprozesse ablesen kann. Die Fotos sollten den vom Festival betroffenen Raum möglichst umfassend dokumentieren. Ausgehend von dem Campinggelände, auf das wir von den Ordnern gewiesen wurden, führte mein Weg über Trampelpfade nach Gribbohm, welches an Wacken angrenzt und einen wesentlichen Teil zur Fläche des Open Air beisteuert. Von dort aus ging es über die Hauptstraße in das Dorf, vorbei an den Supermärkten und Wohnsiedlungen und dann schließlich zurück auf das Camping- und zuletzt das Festivalgelände. Die entstandenen Bilder wurden Kategorien zugeordnet, die den verschiedenen *Räumen im Raum* entsprachen, d. h. dem Campingbereich, dem Bühnenbereich usw.

»Fotos, Filme und Fernsehsendungen sind wichtige sozialwissen-
schaftliche Quellen. Da sich im konkreten Medientext Produktion
und Rezeption treffen, sagen sie als Medien der Repräsentation einerseits etwas über die Gesellschaft, die Kultur, die Diskurse und die sozialen Bedingungen aus, unter denen sie entstanden sind, ebenso wie
sie etwas über die Gesellschaft, die Kultur, die Diskurse und die sozialen Bedingungen aussagen, in denen sie betrachtet werden« (Mikos
2005: 463).

Obgleich der Wille, Fotos zu machen, welche die Menschen und
Dinge ganz natürlich abbilden sollen, ebenfalls als eine Form der
Bildgestaltung interpretiert werden kann, war meine zentrale Intenti-
on, reine Momentaufnahmen und somit Aspekte des erlebten Raumes
zu dokumentieren. Mit der Fotostrecke sollte die Realität zur Zeit des
Festivals visualisiert werden.

Die Fotos wurden in vier grundlegenden Schritten ausgewertet: Beschreibung, Analyse, Interpretation und Bewertung (Mikos 2005:
461). Da es sich hierbei nicht um eine Bildanalyse handelt, bei der die
Bilder von anderen Personen gemacht wurden, können die Momente
der Manipulation, der ästhetischen Aufladung oder der von spezifischen Interessen geleiteten Intention außer Acht gelassen werden. Ziel
dieser Analyse ist es, die räumliche Konstruktion des W.O.A. aufzuzeigen.

3.2.5 Teilnehmende Beobachtung von 2009

Im Jahr 2009 führte ich während des Festivals eine teilnehmende Beobachtung durch. Diese verlangte eine andere Haltung von mir als bei
meinen vorherigen Besuchen. Zwar campte ich wieder umgeben von
Bekannten und Freunden, die mir bereits in den Jahren zuvor häufig
Gesellschaft geleistet hatten, durfte mich aber weder von der Musik
noch von der Atmosphäre treiben lassen. Einige jener Personen gehör-
ten später zu den Autoren der Erinnerungsberichte. Da ich in diesem

Zeitraum auch einen Teil der Fotostrecke erstellte, unterschieden sich meine Bewegungen im Raum grundlegend von denen vorheriger Besuche. Ich bin vor allem viel gelaufen, habe versucht das Gelände aus mehreren Perspektiven zu betrachten und dabei die Menschenmassen zu beobachten. Ich habe ein Forschungstagebuch geführt, in dem ich allabendlich meine Eindrücke festhielt und auch Notizen zur Beschaffenheit des Raumes, sowie der Atmosphäre und Stimmung auf dem Zeltplatz und dem Festivalgelände niederschrieb.

3.3 Thesis

Um Raumkonstitution und Raumkultur aufzeigen zu können, bedarf es zunächst einer Definition von Raum. Da diese bei all den zur Verfügung stehenden Raumdefinitionen nicht einfach vorliegt, bedarf es im ersten Schritt einer negativen Abgrenzung: Raum ist nicht gleich Ort. Diese Unterscheidung ist wesentlich, um die räumlichen Strukturen zu erläutern. Unter Ort verstehen wir im Allgemeinen einen geographisch konkret markierten, erdräumlich fixierten Bereich, der mittels Landkarten genau nachvollzogen werden kann. Ein Raum kann mehrere Orte umfassen, ebenso wie ein Ort mehrere Räume beinhalten kann. Wichtig bei der begrifflichen Bestimmung ist deshalb, dass Ort als der oben bezeichnete, konkrete Teil der Erdoberfläche gilt, da er verwaltungstechnisch markiert und kartografiert ist. Insofern ist er vom Raum zu unterscheiden. Demnach beginnt und endet der Ort Wacken an seinen festen Ortsgrenzen, während der Raum *Wacken* darüber hinaus begriffen werden kann. Der hier untersuchte Raum *Wacken* konstituiert sich durch das Ereignis W.O.A. Einmal im Jahr findet somit für knapp eine Woche eine räumliche Expansion über die Ortsgrenzen hinaus statt. Der Raum verändert während dieser Zeit seine Bedeutung, seine Struktur, seine Symbolik und seine Ausdehnung. Diese Studie widmet sich dem Raum, der während und durch das Festival entsteht. Ausgehend von diesen Überlegungen zeigt sich, dass Wacken nicht gleich Wacken ist. Deshalb werde ich den Raum *Wacken* in Abgrenzung von dem Ort Wacken kursiv setzen. Damit wird gleichsam darauf hingewiesen, dass der Raum *Wacken* nicht nur der des Festivals, sondern auch der des Dorfes ist. Des Weiteren wird der Raumaneignung der Besucher, welche sowohl über die Nutzung der Verkehrswege, als auch über die Ortsgrenzen hinweg den Raum *Wacken* gestalten, Rechnung getragen. Eine Eingrenzung des zu untersuchenden Phänomens kann damit vorgenommen werden. Eine Raumanalyse des Ortes Wacken ist nicht relevant, denn es geht hier ausschließlich um den Raum *Wacken*, der durch das Festival entsteht und auch auf dieses bezogen ist. Es findet ein Transformationsprozess statt, der von verschiedenen Faktoren abhängt.

Aus den zuvor diskutierten Raumkonzepten ergibt sich für diese Arbeit eine Affinität zu dem relationalen Raumbegriff. Da wir es bei dem zu untersuchenden Phänomen mit einem Raum zu tun haben, der sich auf mehreren Ebenen konstituiert, ist dieser Raumbegriff hier am besten operationalisierbar. Ich stützte mich bei meiner Analyse vor allem auf die Arbeiten von Martina Löw und Benno Werlen. Insbesondere die Theorien von Löw sollen hier angewandt werden, um die Raumkonstitution von *Wacken* nachvollziehbar zu machen.

Das Ereignis Open Air ist der Grund für die Oszillation des Raumes zwischen kleiner, ruraler Gemeinde und Massenphänomen mit 75.000 Besuchern aus aller Welt. Der Faktor Festival muss daher genau bestimmt werden, um seine räumlichen Auswirkungen aufzeigen zu können. Das Festival initiiert die Verwandlung des Raumes. Es versammelt Menschen aus verschiedenen Kulturen, welche dann aktiv an der Gestaltung des Raumes teilhaben und Diskurse in ihn einbringen.[13] Die Expansion des Raumes offenbart sich in Form von organisatorischen Höchstleistungen, medialen Strategien und den daraus resultierenden Besucherzahlen und Herkünften.

Die subjektiven Raumwahrnehmungen sind für die Bestimmung der Raumkonstitution ein wesentlicher Faktor. Bei der Inszenierung des Raumes wird an die Erinnerungen und Vorstellungen der Besucher angeknüpft, um Atmosphäre zu erzeugen und den imaginierten Raum in der Realität umzusetzen. Um das Phänomen in seiner Gänze zu fassen, muss daher eine Aufteilung des Raumes in mehrere Dimensionen vorgenommen werden. Neben der bereits oben erwähnten medialen und der subjektbezogenen Dimension sind dies noch die soziale, die auditive, die symbolische und die physisch-materielle Dimension. In Anlehnung an die Theorie von Lefebvre leite ich diese von seinen drei ontologischen Raumdimensionen ab. Um den Raum *Wacken* zu bestimmen, werde ich verschiedene Raumbegriffe und Konzeptionen operationalisieren, da es keinen universellen Ansatz für eine kulturwissenschaftliche Raumanalyse gibt. Keine der einzelnen Raumdimensionen umfasst eine absolute Wirklichkeit. Sie sind alle nur Teil des Ganzen. Die Gesamtheit eines Raumes offenbart sich vielmehr durch das Zusammentragen seiner einzelnen Elemente. So ergeben sich durch die verschiedenen Phänomene, die in ihm auftreten, Bestandteile, welche mittels einer interdisziplinären Anwendung von Theorien interpretiert werden können. Zusammen zeichnen dann jene Bestandteile ein Bild des Raumes. Um mich der Raumkonstitution von *Wacken* anzunähern, stelle ich deshalb folgende Hypothesen auf:

---

[13] Unter Diskurs verstehe ich in Anlehnung an Jürgen Link Prozesse der Sinnzuschreibung, die ein institutionalisiertes Spezialwissen evozieren, welches entsprechend ritualisierte Redeformen, Handlungsweisen, Kollektivsymbole und Machteffekte mit sich bringt. Link 2007: 228ff.

I. In *Wacken* findet eine temporäre Expansion des Raumes durch das Open Air statt. Diesen Prozess möchte ich mit dem Ansatz von Martina Löw aufzeigen. Anhand von Spacing- und Syntheseprozessen sollen die Muster der Raumaneignung nachgezeichnet werden. Diese interpretiere ich als Ausdruck des »Geographie-Machens«, (Werlen 200: 355). Dabei stehen die Handlungen der Menschen im Fokus. Speziell die symbolische Dimension von *Wacken* kommt hier zum Tragen. »Die symbolische Komponente einer Handlungssituation ermöglicht es, daß sich institutionelle (An)Ordnungen zu Raumbildern verdichten« (Löw 2001: 193). In der Folge soll es darum gehen, Raumbilder in ihren Ausmaßen zu begreifen. Die Theorien von Löw und Werlen verknüpfe ich, um die Strukturen des sozialen, symbolischen und physisch-materiellen Raumes von *Wacken* darzustellen.

II. Auf dem Festival wirken Mechanismen der Inklusion und Exklusion (Stichweh 2005: 45f.), die sich im sozialen Raum abbilden. Durch die Identifikationen mit der Szenekultur werden Zugehörigkeiten konstituiert, welche sich in der Bildung unterschiedlicher Gruppen artikulieren. Diese verschiedenen Gruppen gestalten den sozialen Raum *Wacken* auf eine spezielle Weise. Hier möchte ich die Gruppen zunächst identifizieren und zugleich aufzeigen, wie diese sich im sozialen Raum positionieren. Dabei sollen die Theorien Bourdieus Anwendung finden, um die kulturellen und sozialen Ordnungen zu beschreiben. Seine Arbeiten zum Habitus und den verschiedenen Formen von Kapital ermöglichen eine Kategorisierung der Personen auf dem W.O.A. Damit lässt sich der kulturelle und soziale Raum gliedern und nachvollziehen.

III. Da sich *Wacken* auch vor Beginn des eigentlichen Open Air in den Medien präsentiert, müssen die medialen Strategien und Netzwerke

der Veranstalter ebenfalls in die Untersuchung eingehen.[14] *Wacken* e-
xistiert auch jenseits der Festivalwoche innerhalb virtueller Räume,
von wo aus es seine Wirkkraft entfaltet. Schließlich manifestieren sich
zum ersten Augustwochenende in *Wacken* diese Netzwerke in den Ver-
sammlungen von Menschen aus verschiedenen Kulturen in einem
physisch-materiellen Raum. Ich werde mich auf die Theorie von Marshall McLuhan beziehen (McLuhan, Powers 1995), der mit seinem
Konzept des globalen Dorfes schon vor der weltweiten Vernetzung
durch das Internet ein Deutungsmuster für derartige Phänomene lie-
ferte: Über die Kommunikationstechnologien und Medien findet eine
Implosion statt, wodurch globale Anbindungen zu Wacken aufgebaut
und auf den einen Ort in Schleswig-Holstein fokussiert werden. Gewissermaßen schrumpft die Welt in *Wacken* zu einem Punkt zusammen. Hierdurch wird der Raum *Wacken* in der ganzen Welt verfügbar.

IV. Wacken wird während des Festivals zu einer Heterotopie. Es legt
durch sein internationales Publikum und das Aufgebot an internationalen Künstlern mehrere Räume an einem Ort zusammen. Damit hat
Wacken die Funktion eines Illusionsraumes. Dies wirkt sich entsprechend auf das Verhalten der Subjekte aus. Das friedliche, zahlreiche
Kulturen miteinander Verbindende ist Ausdruck dieser Funktion. Die
Veranstalter haben als Architekten von *Wacken* die Aufgabe, diesen Il-
lusionsraum herzustellen. Ihr Ziel ist gewissermaßen, eine Heavy Me-
tal-Utopie zu realisieren. Ein weiteres Merkmal von Heterotopien ist,
dass sie einem System von Öffnung und Schließung unterliegen. Es
ist jedem freigestellt, sich ein Ticket für das Festival zu

---

[14] Die medialen Aufarbeitungen und Berichterstattungen, auf die die
Veranstalter keinen oder nur geringen Einfluss haben, werden in diesem
Zusammenhang nicht beleuchtet.

kaufen. Die Begrenzungen sind hier die dem Einzelnen zur Verfügung stehenden Geldmittel bzw. die maximale Besucherzahl im Falle des Ausverkaufs. Der Zugang zu dem Backstagebereich oder den Bereichen der Künstler ist jedoch nur bestimmten Personen vorbehalten. Somit sind einige Bereiche auf dem Open Air exklusiv. Die Besucher werden, wie bei den meisten Festivals, mit einem Armband markiert, welches sich je nach Zugangsberechtigung unterscheidet. Es treffen mehrere von Foucaults Thesen auf *Wacken* zu, hier soll es jedoch primär um die Anwendung des Heterotopie-Konzepts auf den Raum *Wacken* im Sinne eines Illusionsraums gehen.

V. Das Festival wird als narrativer Raum verstanden. Die prinzipielle Offenheit des Geländes mit der Verbindung zum Dorf gewährleistet die Pluralität der narrativen Anfänge. Diese ist ein wesentlicher Faktor für die Bestimmung der räumlichen Expansion. Ich möchte anhand von verschiedenen Erzählungen der Besucher, Bewohner und Macher zeigen, wie sich solche Geschichten in den Raum einlagern, Bedeutung erzeugen und damit Funktionen erfüllen.

Im Folgenden werden die genannten Thesen auf ihre Relevanz und Haltbarkeit überprüft. Die Methoden- und Theorienvielfalt erzeugt eine Multivokalität, die sich in der zentralen Fragestellung verdichtet: Es soll geklärt werden, welche Veränderungen durch die Veranstaltung in Wacken und Umgebung ausgelöst werden. Dafür muss die Wandlung des Raumes auf verschiedenen Ebenen untersucht werden, um die Beschaffenheit und Produktion von *Wacken* zu verstehen. So möchte ich über die verschiedenen theoretischen Zugänge und die Auswertung der empirisch erschlossenen Quellen zur Beantwortung meiner Leitfrage gelangen: Wie wird der Raum durch das Festival gestaltet?

4 *Wacken* als espace conçu

Bevor der Raum analysiert werden kann, muss zunächst die Konzeption des Raumes vorgestellt werden. Bezüglich der Gestaltung des Raumes kommt den Veranstaltern und Organisatoren, die das Festival über den Zeitraum von einem Jahr planen, eine entscheidende Rolle zu. Sie bestimmen jenen Raum, der schließlich durch die handelnden Subjekte, welche während dieses Zeitraums in den Raum eintreten, angeeignet wird. Mit der Planung und Organisation des Festivals entwickeln sich die räumlichen Vorgaben für die spätere Raumkonstitution.

4.1 Geländeplanung

Unter Zuhilfenahme des Geländeplans lässt sich die Strukturierung des Areals sehr gut nachvollziehen (siehe Anhang). Es ist zunächst die Aufteilung der Flächen gemäß ihrer Funktionen zu erkennen. Die Campingflächen umgeben das zentrale Festivalgelände mit den Bühnen. Der Großteil der genutzten Fläche ist für das Camping vorgesehen, lediglich 8 bis 10 ha entfallen laut Uwe Trede auf den Bereich mit den Bühnen und den Backstagebereich. Die übrigen rund 190 ha bilden die Campingfläche. Wie auf der Karte zu erkennen ist, wird das zentrale Festivalgelände von dieser Fläche umschlossen. Der Bühnenbereich bildet entsprechend seiner Funktion das Zentrum des gesamten Geländes, so dass die Straßen und Wege von den Camps aus auf ihn zulaufen. Dabei ist anzumerken, dass der Hauptanteil der Gesamtfläche nicht zur Gemeinde Wacken, sondern zu den umliegenden Ortschaften Gribbohm, Wesdorf und Holstenniendorf gehört. In Wacken stehen nur die Bühnen und der Backstagebereich. Somit hat die namengebende Ortschaft den kleinsten Flächenanteil am W.O.A. Die parzellierten Campingflächen sind je nach Distanz zum zentralen Festivalgelände alphabetisiert. Die Flächen A und B sind den Bühnen am nächsten gelegen und deshalb bei den Besuchern begehrt. Da die Campingplätze nicht mit dem Kauf der Eintrittskarte zugeteilt werden, wird die frühe Anreise mit den besten Plätzen belohnt. Aus dem Geländeplan ebenfalls ersichtlich sind die Platzierungen der Gewerbe. Auf den Campingflächen A, B und L werden Speisen und Getränke angeboten, wohingegen dies auf den blau markierten Feldern nicht der Fall ist. Für Händler, Presse und Künstler sind eigene Flächen reserviert. Die Campingflächen werden mit einfachen Plastikbandabsperrungen umgrenzt und mit großen Hinweisschildern mit den entsprechenden Buchstaben des jeweiligen Camps markiert. Die einzelnen Parzellen sind zudem durch Zugangswege (Feldwege bzw. Traktorpfade) voneinander getrennt. Am unteren Rand des Planes ist der Verlauf der Hauptstraße Wackens zu sehen. Diese dient beim Einlass als Kanal, durch welchen mit mehreren Abzweigungen die Besucher mitsamt Autos Richtung Campingflächen gelenkt werden. Der Weg führt zunächst durch das Dorf, vorbei am Supermarkt bis zu einer der Abzweigungen auf der rechten Seite, deren Zufahrt durch Ordner geregelt wird. Die Einteilung und der Zugang zu den einzelnen Flächen ist wesentlich von der Wetter- und Verkehrslage abhängig. Dieser Teil der Planung wird flexibel gehandhabt, da auf eventuell eintretende Ereignisse entsprechend reagiert werden muss, um einen zügigen Einlass zu gewährleisten. Beim W.O.A. ist es erlaubt, seinen Wagen beim Zelt zu parken. Bei vielen anderen Festivals dieser Größenordnung ist dies nicht gestattet, da es natürlich eine Mehrbelastung für den Boden mit sich bringt. Zum W.O.A. reisen die meisten Besucher mit PKW an. Entsprechend muss der Verkehr umfangreich geregelt werden. Veranstalter Thomas Jensen, einer der beiden Initiatoren des Festivals, erklärte mir die Verkehrslenkung, besonders die beiden nahe gelegenen Autobahnabfahrten wurden von Thomas Jensen als wichtige infrastrukturelle Voraussetzungen für das Gelingen des W.O.A. hervorgehoben.

»Grundsätzlich greifen wir beim Wacken Open Air auf die vorhandene Infrastruktur zurück, die es da gibt. Die Autobahn, dann Bundesstraßen, Landstraßen. Wir haben ja glücklicherweise zwei Autobahnabfahrten, die in Schenefeld und einmal Hanerau-Hademarschen. Also einmal kommst du über Nienbüttel nach Wacken rein und das ist eigentlich die altbekannte Hauptzufahrt und die zweite ist die über Wesdorf, über Holgers Geburtsort. Und dann nutzen wir alles was an Feldwegen, an sonstigen Wegen da ist« (Jensen, 2:37-3:14).

Die Infrastruktur von Wacken ermöglicht erst das Funktionieren der Verkehrslenkung. In Zusammenarbeit mit den ansässigen Landwirten werden Wege für die Festivalbesucher geschaffen. An einigen Stellen entstehen Knickdurchbrüche[15], dafür werden an anderen Stellen Knicks wieder aufgeforstet. Der Erhalt der landwirtschaftlichen Flächen ist sowohl für die Veranstalter als auch die Landwirte von großer Bedeutung. Hier zeigt sich die enge Zusammenarbeit der Organisatoren mit den ansässigen Landwirten und Gemeindevertretungen. Diese Regelung bestimmt auch weitere Teile der Geländeplanung, wie beispielsweise die Müllentsorgung.

Aus dem Plan wird deutlich, dass eine Ballung der Gewerbe und Attraktionen im Bereich der Bühnen stattfindet, hier braun markiert. Davor befindet sich der so genannte Vorplatz 1 (siehe Nr. 8 der Legende). Dort sind die Sicherheitsschleusen platziert, die zum Bühnenbereich führen. An dieser Stelle werden auch die Kontrollen von den Ordnern durchgeführt. Dieser Bereich wird vom restlichen Gelände abgetrennt, während die anderen Flächen frei begehbar sind. Zum Befahren des Campingplatzes reicht ein kurzes Vorzeigen des Tickets. Um Zugang zu den Bühnenvorplätzen zu erhalten, muss man das Ti-

---

[15] Als Knick bezeichnet man in Norddeutschland, insbesondere in Schleswig-Holstein, wallartige Baum- und Strauchhecken, die im 18. Jahrhundert im Rahmen der Verkoppelung als »lebende Zäune« angelegt wurden. http://www.woxikon.de/wort/knick.php (Stand 29.5.2011).

cket an den dafür vorgesehenen Ständen gegen ein Festivalarmband
eintauschen, welches sich in Farben und Markierungen unterscheidet.
Hierdurch werden sowohl die Festivalbesucher, als auch die Besucher
mit speziellem Auftrag oder einer Funktion gekennzeichnet. Wollen
die Besucher zu den Bühnenvorplätzen, müssen sie durch die Sicherheitsschleusen und sich einer kurzen Abtastkontrolle unterziehen. Auf
dem besagten Vorgelände befinden sich zahlreiche Händler und andere Gewerbe. Neben dem großen Biergarten gibt es hier noch den Metalmarket, ein Gebiet, auf dem mit Merchandise-Artikeln, CDs und
weiteren szenetypischen Produkten gehandelt wird. Dieser Bereich ist
auch als solcher kenntlich gemacht und kann als die »Einkaufsmeile«
in Wacken bezeichnet werden. Vom Vorgelände aus kann man bereits
die Bühnen erblicken. Die beiden Hauptbühnen, auf dem Plan mit 1
und 2 gekennzeichnet, sind das Zentrum des Festivals. Auf der soge-
nannten True Metal Stage und Black Metal Stage spielen die Headliner, die populärsten Bands. Diese beiden Bühnen werden direkt ne-
beneinander aufgebaut, um einen zügigen Wechsel auf den Hauptbühnen zu ermöglichen. Entsprechend ist dieses Gebiet auf große Zu-
schauermassen ausgelegt. Der Bereich vor diesen beiden Bühnen ist
nur am Rande mit Händlern besetzt. Auf der freien zentralen Fläche
sind Türme platziert, die für die Technik, also die Klangabmischung
oder die Videoaufnahmen, vorgesehen sind. Die Bühnen sind für die
räumliche Struktur entscheidend, da sie der Versammlungsort für die
Besucher sind. Neben den beiden Hauptbühnen gibt es noch drei weitere. Zunächst ist hier die Party Stage zu nennen, eine ebenfalls recht
große Open Air-Bühne, deren Ausmaße nicht an die der True oder
Black Metal Stage heranreichen, aber immer noch viel Platz für die
Darbietung auf der Bühne einräumen und entsprechend auch viel
Platz für Zuschauer haben (siehe 3). Hier spielen ebenfalls internatio-
nal renommierte Bands. Des Weiteren gibt es die sogenannte W.E.T.
Stage, ein großes Zelt mit integrierter Bühne. Hier sind die Stehplätze

für das Publikum aufgrund des Fassungsvermögens des Zelts begrenzt. Die Bands, die hier auftreten, sind meist »Newcomer«. Im Jahr 2009 kam ein neuer Bereich zum Festivalgelände hinzu: Der Mittelaltermarkt mit dazugehöriger Bühne (siehe 58 und 59). Dieser Bereich ist ganz auf das Thema fixiert, sowohl was die Angebote an Gütern und Attraktionen betrifft, als auch das Aufgebot an Bands. Die Bühnen sind, wie sich zeigt, der zentrale Bestandteil der räumlichen Konzeption, da sie die Menschen in *Wacken* an vorgegebenen Punkten versammeln.

Wie bereits erwähnt, wird die vorhandene Infrastruktur zur räumlichen Organisation des Festivals genutzt. Gebiete außerhalb des Festival- und Campingbereichs werden zu Parkplätzen für anreisende Presse, Händler und Künstler erklärt.

Entlang der Hauptstraße dienen Zäune der Lenkung der Besuchermassen und dem Schutz des Eigentums der Anwohner. Gab es in den Anfangsjahren noch öfters Beschwerden wegen zerstörter Kulturpflanzen oder verschmutzter Vorgärten, so werden mittlerweile Vorkehrungen getroffen, um solche Konflikte zu vermeiden. Sicherheitskräfte und Ordner sorgen dafür, dass das Privateigentum der Einwohner nicht zu Schaden kommt und bestimmte Straßen und Wege innerhalb des Dorfes von Festivalbesuchern nicht betreten werden.

Mit seinen großen Ackerflächen bietet Wacken viele Gestaltungsmöglichkeiten für die Veranstalter. Ein wesentlicher Teil des späteren Gesamtbildes entsteht aber erst durch die Besucher und deren Raumangeignungsprozesse. Da die Ordner den anreisenden Besuchern keine exakten Vorgaben, etwa hinsichtlich des Parkplatzes oder des Zeltplatzes, machen, sondern sie vielmehr die alphabetisierten Parzellen einfach auffüllen, haben die Besucher viel Freiraum bei der Ausbreitung und Gestaltung ihres Campingbereichs.

> »Ja auch was die Fans eben selber veranstalten. Wir versuchen in Wacken natürlich irgendwie nur den Rahmen vorzugeben. Ganz viele Sachen

sind ja von den Fans selber ausgegangen, entweder Ideen, die wir dann umgesetzt haben oder Aktivitäten, wie, was weiß ich, irgendwelchen Metalmais oder irgendwelche Blödsinnsaktionen oder auf dem Campingplatz, irgendwelche Wohnburgen, sonstige Camps. Sicherlich hat sich da auch was verselbstständigt, was die Leute eben einfach gut finden und das über Jahre« (Jensen, 10:07-10:48).

Diese Vorgabe des Rahmens ermöglicht den narrativen Anfang im Raum.

Die erwähnte Bedeutung der beiden Hauptbühnen für die Raumgestaltung möchte ich hier mit Überlegungen von Markus Schroer ausführen. In »Räume, Orte, Grenzen« (2006) bezieht er sich auf die Analogien von Körper und Raum.[16]

Überträgt man die Körper-Raum-Analogie auf den Aufbau des Festivalgeländes, so ergeben sich hier Parallelen. Mir geht es speziell um das Herz. Der Raum des Festivals kann nicht auf den gesamten Körper bezogen werden. Vielmehr bietet sich eine Perspektive an, in der man die beiden Hauptbühnen als das Herz eines lebenden Organismus betrachtet. Die vielen Besucher nehmen dabei die Rolle von Blutkörperchen ein. Die Wege und Straßen, die von dem Dorf und den Campingplätzen letztendlich alle auf den Bühnenbereich gerichtet sind, haben dabei die Stellung von Venen, durch die die Blutkörperchen zum Herzen gelangen. Dabei verhalten sich die Besucher dementsprechend. Das Bild vor den Hauptbühnen ist von einem Zu- und Abfluss der Menschen bestimmt. Sie pumpen in diesem Sinne

---

[16] Dieser Vergleich ist nicht neu und findet sich in zahlreichen Überlegungen zum Raum wieder. Schroer verweist diesbezüglich unter anderem auf Richard Sennett und Thomas Hobbes. Während Sennett Parallelen zwischen den Gliedern des Körpers und der Stadtarchitektur herstelle, beziehe Hobbes den Körper und dessen Bestandteile auf den Aufbau des Staates. So erfülle demnach der Richter die Aufgabe des Stimmorgans und die Beamten des öffentlichen Dienstes seien in diesem Sinne die Hände des Staates (Schroer 2006: 278ff.).

stetig Energie in das Herz, wobei sie immer in Bewegung bleiben. Da auf den Bühnen verschiedene Bands für verschiedene Geschmäcker spielen, herrscht ein Kommen und Gehen der Fans. Diese Analogie ist deshalb auch relevant für die Bewegungen im Raum *Wacken*.

4.2 Optische und physische Gestaltung

Thomas Jensen verglich die Situation mit der eines Volks- bzw. Dorffestes:

> »Wir haben dann mit der Dorfbevölkerung, mit den Dorfleuten, haben wir gesagt: Wir stellen euch Fahnen, weil ist natürlich... ich kenn das früher vom Kinderfest, da wurden Schleswig-Holstein-Fahnen aufgehängt. Ja, ist so. Im Dorf. Oder ne Girlande gabs da. Und diese Tradition, also es sind ja ganz viele Sachen, die du a. - aus Gag, b. - vielleicht, du hast Gäste und dann schmückt sich ja so ein Dorf. So ist das. Kenn ich früher noch vom Fußballverein. Oder es gab so Patenschaften oder was weiß ich. Ich glaube Schweden waren mal in Wacken als Gäste und dann schmückt sich das Dorf, weil jetzt ja Gäste kommen und so ist das natürlich dann in der Verbindung, dass die Wackener, bzw. wir haben sie dann auch ermuntert diese Symbolik, schwarze Fahne mit dem Büffelschädel, die wird dann aufgegriffen« (Jensen, 23:12-24:14).

In der Tat schmückt sich das Dorf zur Festivalzeit. Fährt man in den Ort hinein, erblickt man zuerst ein Banner des Festivals (siehe Foto 1, alle Fotos im Anhang S. 143). In den vergangenen Jahren trug dieses Aufschriften wie »Welcome Metalheads« (siehe Foto 2). Damit ist der Ortseingang doppelt markiert: einerseits durch das normale Ortsschild, das den Beginn des Ortes Wacken anzeigt, andererseits durch das Festivalbanner, welches den Beginn des Raumes *Wacken* darstellt. Letzteres hängt nur für den Zeitraum des Festivals an jener Stelle. Doch gerade das Ortseingangsschild hat für die Besucher des Festivals eine besondere Bedeutung erlangt. Es ist ein beliebtes Souvenir und wird regelmäßig von Fans demontiert und mitgenommen, so dass die Organisatoren reagiert haben und die Schilder mittlerweile als Mer-

chandise-Artikel in ihr Angebot aufgenommen haben. Anhand der
Fotos möchte ich die Ebene Ort Wacken und Raum *Wacken* mitei-
nander vergleichen. Foto 3a zeigt die große Kreuzung in der Nähe des
Ortseingangs, welche direkt in die Hauptstraße des Dorfes übergeht.
Auf Foto 3b ist derselbe Ausschnitt während des Festivals zu sehen.
Die Veränderungen von Seiten der Veranstalter sind hier nur gering.
Zunächst fallen die aufgestellten Schilder auf, die den Verkehr regeln
und Lieferanten auf die zugedachten Wege führen. Mitunter stehen
Anhänger am Straßenrand, die meist von den Ordnern als Büro genutzt werden. Außerdem erblickt man die Wacken-Fahnen an Häusern, durch die sich das Dorf auch optisch involviert zeigt. Der maßgebliche Unterschied in der Erscheinung wird hier aber durch die
Menschenmengen geschaffen, die durch ihre Bewegungen den oft zitierten Ausdruck der Pilgerstätte festigen. Foto 4a zeigt einen späteren
Abschnitt der Hauptstraße. Dieser Bereich wird während des Festivals
von den Dorfbewohnern als eine Art kleiner Marktplatz genutzt (siehe Foto 4b). Hier werden Getränke und Nahrungsmittel (wie Wasser
und in diesem Falle Bier) verkauft. Auf Foto 5a ist ein weiterer Ausschnitt des Hauptstraßenverlaufes zu sehen. Hier bewegen sich die
Mengen an Heavy Metal-Fans entlang, um zu den Supermärkten und
zurück zum Campingbereich zu gelangen. Auf dem Vergleichsbild er-
kennt man bereits die Stände der Anwohner, die hier mit ihren Waren
aufwarten (siehe Foto 5b). In der Nahaufnahme wird deutlich, wie die
Dorfbewohner auf die Besucher zugehen (siehe Foto 5c). Auch zeigt
sich, dass und wie dieses Haus mit einem Wacken-Banner geschmückt
wurde. Die Einwohner nehmen an dem Ereignis teil und tragen aktiv
zur Symbolproduktion bei. Nicht nur durch das Schmücken ihrer
Häuser, sondern auch durch ihre Kleidung und Handlungen passen sie
sich der Situation während des W.O.A. an. Mit ihrem Beitrag zur
Symbolproduktion schaffen die Einwohner einen semiotischen Konsens zwischen sich und den Besuchern.

Foto 6a zeigt den Platz mit dem Getreidespeicher, der schon von weitem wegen seiner Höhe gut zu erkennen ist. Hier hat während des Festivals das Wacken Office seinen Platz, wo Auskunft gegeben wird und Tickets, Geländekarten und ähnliches erworben werden können (siehe Foto 6b). Dieser Platz ist nicht nur temporär eingerichtet, sondern besteht auch außerhalb des Festivalzeitraums. Wie Thomas Jensen erzählte, werden hier das Jahr über Materialien für das Open Air verstaut. Des Weiteren wurde an dieser Stelle eine »Wall of Fame« geschaffen, die u. a. durch die Namen zahlreicher Künstler und Gruppen, die auf dem W.O.A. gespielt haben, an die Geschichte des Festivals erinnert. Daneben hängt ein Bild, auf dem alle Mitarbeiter des Festivals zu sehen sind (siehe Foto 6c – e). Der Getreidespeicher wird während des Festivals zu einem der Hauptorientierungspunkte für viele Besucher. Dann wird er in schwarzes Textil gehüllt und gleicht eher einem dunklen Signalturm (siehe Foto 6f). Der Platz davor ist zur Zeit des Festivals stark frequentiert. Hier hat man erstmalig innerhalb des Ortes die Möglichkeit, Merchandise-Artikel wie T-Shirts, Tassen etc. zu kaufen. Am Ende der Hauptstraße befindet sich ein geschotterter Platz (siehe Foto 7a), welcher extra für das Festival angelegt wurde. Dieser dient als Parkplatz für Reise- und Shuttlebusse (siehe Foto 7b). Es zeigt sich also, dass das W.O.A. auch einige dauerhafte physische Veränderungen in den Ort gebracht hat. Die »Wall of Fame« hat hier allerdings eine besondere Relevanz, da mit ihr die Geschichte des Festivals auch zu einem Teil der Gemeindekultur erhoben wird. Diese Wand erinnert das ganze Jahr an über das Ereignis, welches alljährlich im August stattfindet.

Der eigentliche Bereich des Festivals, also die Koppeln, die dann zu Campingflächen und zum Festivalgelände werden, unterliegt weitaus größeren Veränderungen und Gestaltungsprozessen. Die Flächen müssen gemäht werden, um später für die Camper nutzbar zu sein. Zudem müssen die Bühnen mitsamt Technik aufgebaut werden.

Die optischen Leitmotive, die Farbe Schwarz und der Büffelschädel, kommen besonders auf dem Festivalgelände zum Tragen. Zwischen den beiden Hauptbühnen thront eine überdimensionale Version jenes Büffelschädels, der zu Beginn des Festivals entflammt wird. Außerdem sind die Bühnen ebenfalls in schwarz gehüllt. Die Farbe Schwarz und der Büffelschädel sind die zentralen Stilmittel, welche zur Inszenierung des Raumes von den Veranstaltern genutzt werden. Sie sind auf dem W.O.A. omnipräsent. Die eigentlichen Veränderungen aber werden durch das Handeln der Festivalbesucher geschaffen. Insbesondere auf den Campingplätzen sind deren kreative Raumaneignungsprozesse feststellbar.

4.3 Wie Festival und Dorf verschmelzen

Der Ort Wacken ist während des Festivalzeitraums von dem Raum *Wacken* nicht zu trennen. Der Ort hat sich über die Jahre immer mehr in den Ablauf des Festivalgeschehens integriert. Die Veranstalter wissen um die Besonderheit dieses Zustandes und treffen entsprechende Vorkehrungen, um das Bild des »Heavy Metal-Dorfes« aufrechtzuerhalten. Bereits bei der Anreise durchqueren die Besucher einmal das gesamte Dorf, es sei denn, Probleme mit dem Wetter oder dem Verkehr machen eine Umleitung notwendig.

> »Bloß die meisten schicken wir durch Wacken durch, denn Wacken ist ja auch das Dorf und die wollen ja auch die Leute sehen. Wenns geht, lassen wir sie alle durch Wacken durch« (Trede, 10:01-10:08).

Der Weg durch das Dorf ist also Teil der Raumkonzeption der Veranstalter. Landwirt Uwe Trede hat das Festival 20 Jahre lang begleitet und sich um die Pachtverträge mit den Landwirten in den umliegenden Gemeinden gekümmert, um das Festival zu ermöglichen.

> »Naja, weil ich die Bauern alle kenne bin ich dafür zuständig, dass wir Flächen genug haben. Ich weiß, wo die liegen und geh dann zu den Bau-

ern und dann pachten wir. Wir haben ja langjährige Pachtverträge. Also Hübner, der weiß ja nicht, wem gehört die Koppel und wenn man Bauer ist, dann kennt man sich hier aus« (Trede, 0:22-0:44).

Die Geschichte des Festivals ist von der Zusammenarbeit der Veranstalter mit den Einheimischen geprägt. Da Thomas Jensen und Holger Hübner auch aus dem Kreis Steinburg stammen, ist die Kommunikation mit Vertretern aus den Gemeinden oft unkompliziert. Bei der Entwicklung des Festivals war immer die Gebundenheit an den Ort Wacken eine Prämisse:

»Im Prinzip haben wir es damals Wacken Open Air genannt, für uns irgendwie so die Frage, es anders zu machen, hat es eigentlich mehr oder weniger so gut wie nie gegeben und dann musst du dich natürlich, wenns Probleme gibt, also entweder weichst du aus, gehst woanders hin, machen ja auch viele. Ist natürlich auch manchmal lästig, sich solchen Diskussionen zu stellen und immer wieder, auch wenns denn schwieriger wird. Wir haben uns aber denn beim Open Air immer der Diskussionen gestellt und wir wollten es immer in Wacken machen, also mussten wir immer auch dann für Probleme Lösungen finden« (Jensen, 16:35-17:16).

Die Entstehung des Festivals ist mit persönlichen Geschichten der Veranstalter verknüpft, was es von anderen Events dieser Größenordnung in der Regel unterscheidet. Thomas Jensen betonte im Gespräch immer wieder, dass man die Entwicklung des Festivals als eine »gewachsene Geschichte« betrachten müsse. »Es ist nichts Künstliches« (Jensen 14:37-14:40). Dieser Werdegang deutet bereits an, dass das Dorf zunehmend in das Festival integriert wurde. Nach anfänglichem Dissens bezüglich des Vorhabens, ein Festival in dem Ort zu veranstalten, wird es nun vom Großteil der Bevölkerung mitgetragen. Die Einwohner sind sowohl als Gewerbetreibende, als Ordnungskräfte oder Besucher des Festivals präsent. Die Beteiligung der Anwohner am Geschehen ist mittlerweile ein fester Bestandteil des Festivalablaufs. Auf Foto 8 und 9 ist zu sehen, wie der Vorgarten und der Park bereich eines Anwohners für das Festival zu einem Aufenthaltsort für Festivalbesucher umfunktioniert wurde. Dabei ist wiederum die Nutzung der Symbole (Farbe Schwarz, Büffelschädel) zu beobachten. Foto 9 dokumentiert noch deutlicher die Nähe, die von den Anwohnern zu den Besuchern aufgebaut wird. Die Heavy Metal-Fans sitzen und feiern hier direkt vor der Tür der Bewohner, welche ihr Haus mit Tischen und einem Zelt offensichtlich auf diesen Besuch ausgerichtet haben. Dies ist während des Festivalzeitraums entlang der Hauptstraße vielfach zu beobachten. Hier laden die Einwohner die Besucher auf ihr Grundstück ein. Die Hauptstraße ist der Ort des direkten Zusammentreffens von angestammter Kultur und eingebrachter Kultur. Hier finden hauptsächlich die Kommunikation und der Austausch von Waren oder Dienstleistungen zwischen den Wackenern und den Festivalbesuchern statt. An dieser Stelle muss auch die Bedeutung des potenziellen Umsatzes für die Bewohner des Dorfes erwähnt werden. Die ca. 75.000 Besucher sind Touristen des Ortes Wacken und als solche auch gewillt, Geld an den zahlreichen von den Anwohnern angemieteten Imbissen und Biergärten auszugeben. Die Aktionsdichte hinsichtlich solcher geschäftlicher Tätigkeiten hat sich stark vermehrt und diversifiziert. Ich erinnere mich aus meinen eigenen Besuchen daran, dass die Beteiligung der Wackener 2001 noch recht überschaubar war, aber von Jahr zu Jahr stetig zunahm.

Der finanzielle Aspekt spielt für die Verschmelzung von Dorf und Festival eine wichtige Rolle:

> »Da sind nicht mehr viele gegen, weil sie ja auch alle da irgendwie mit Geld verdienen. Entweder sie haben das Haus in Wacken und haben das vermietet an Bierbuden oder irgendwas. Jeder verdient und wenn die Leute Geld verdienen, haben sie auch nix mehr dagegen. Dann können die auch ein bisschen Lärm machen« (Trede, 28:02-28:14).

Abgesehen vom Anreiz, Geld zu verdienen, werden noch andere Faktoren für das Interesse der Anwohner an dem Festival geltend gemacht. So ergeben sich durch die große Anzahl an ausländischen Besuchern auch Möglichkeiten mit Menschen zu kommunizieren, die aus weit entfernten Gegenden der Welt kommen. Unter normalen Umständen würden sich wohl kaum Menschen aus Japan, Israel oder Schottland in dem kleinen Dorf im Kreis Steinburg einfinden. Der Reiz des Fremden oder das Interesse am Fremden ist wahrscheinlich ein wesentlicher Grund dafür, dass sich der Großteil der Wackener Bevölkerung so sehr in das Festival integriert hat. Thomas Jensen relativiert mit diesem Argument jedenfalls den Vorwurf der Kommerzialisierung, der von Kritikern des Festivals des Öfteren zur Sprache gebracht wird.

>Ich meine, die Dorfleute finden das natürlich auch geil, dass, ich meine... sonst würden sie sich nicht in den Vorgarten setzen und teilweise ja auch nicht, das ist ja auch alles ein Blödsinn, was einige Leute meinen, dass das nur kommerzielle... also ich sag mal, das Dorf Wacken würde auch überleben ohne das Festival. Millionen andere Dörfer oder hunderttausende andere Dörfer müssen auch ohne Festival, also da sind wir ja nun nicht irgendwie der Messias oder irgendwas. Die kriegen das zurück: das macht Freude, das macht Spaß, ist 'ne Party. Ist alles gut. Und dann machst du es ja wieder. So, und dann bilden sich ja auch Vernetzungen von denen wir ja gar nichts wissen, also jetzt Dorfleute mit Fans oder mit Leuten, die jedes Jahr wiederkommen und da bilden sich dann Freundschaften« (Jensen, 24:24-25:13).

Das Interesse der Bevölkerung Wackens an dem Open Air kann nicht allein ein Kommerzielles sein, da nicht jeder Bewohner an der stark frequentierten Hauptstraße wohnt oder dazu in der Lage ist, Hunderte von Gästen gastronomisch zu versorgen. Das »Im-Vorgarten-Sitzen«, das in den Interviews immer wieder erwähnt wurde, ist zu einem festen Bestandteil des Festivals geworden. Die Anwohner begegnen den Heavy Metal-Fans aus aller Welt mit großer Offenheit und erfreuen sich an der Vielfalt und der Exotik des Ereignisses. Hier treffen also mehrere Faktoren zusammen, die letztlich dafür sorgen, dass das

Dorf mit dem Festival einen gemeinsamen Raum erschafft. Dabei ist das Verhalten und Handeln der Bewohner wesentlich für die Synthese von Dorf und Festival. Der Prozess der Annäherung von Bevölkerung und Festivalpublikum hat sich über mehrere Jahre erstreckt. Bürgermeister Axel Kunkel spricht von einem Wechsel der Mentalität der Dorfbewohner:

> »Ganz dauerhaft geändert hat sich die Mentalität, die Einstellung der Dorfbewohner zu Fremden. Das ist, glaub ich, das Nachhaltigste und eigentlich mit das Wichtigste, was sich geändert hat. Die anfängliche Skepsis, oder Angst sogar oder Unkenntnis, die ist total umgewandelt worden in... ja, Offenheit, Toleranz, Begeisterung auch und eigentlich ist das das Wichtigste mit. Das ist nicht materiell irgendwie zu bewerten und das finde ich das Schöne. Also wir sind inzwischen ein weltoffenes Dorf geworden und auch diese Einstellung der Dorfbewohner, das kann man ja nicht erzwingen, um die uns auch viele beneiden« (Kunkel, 16:52-17:33).

Mit der mehrheitlichen Akzeptanz der Dorfbewohner hat sich das Festival nun zu einem Ereignis entwickelt, das auch für sie interessant ist. Viele Einwohner legen ihren Urlaub sogar so, dass sie während des Festivalzeitraums zuhause sind.

Dagegen kann es aber auch zu ausgeprägten Fremdheitserfahrungen kommen, die nicht positiv wahrgenommen werden. Homi Bhabha bezeichnet diesen Umstand mit dem Begriff »unhomeliness«, welcher im Deutschen mit »das Unheimliche« übersetzt wurde. Damit ist ein Zustand kultureller Entfremdung gemeint, in der das eigene Zuhause zu einem unwirklichen Ort wird.

> »Die hintersten Winkel des häuslichen Raumes werden zu Orten der verworrensten Heimsuchungen der Geschichte. In dieser De-plazierung verschwimmen die Grenzen zwischen Heim und Welt; und auf mysteriöse Weise werden Privates und Öffentliches jeweils zum Teil des anderen, und sie nötigen uns zu einer Sichtweise, die ebenso gespalten wie desorientierend ist« (Bhabha 2000: 14).

In Bezug auf die Situation in Wacken kann man bei den Dorfbewohnern von einem »unheimlichen« Zustand sprechen. Für den Zeitraum
des Festivals verwandelt sich ihre Heimat. Das Festival und die damit
einhergehende Präsenz des multikulturellen Publikums gestalten den
Raum zu etwas anderem um, zu einem Ort, der in dieser Zeit nicht
mehr ihr gewohntes Zuhause ist. Herr Kunkel schilderte seine Wahrnehmung des Zustandes wie folgt:

> »Also länger, denk ich mal, müsste so ein Festival auch nicht sein, denn
> alles ist in diesen Tagen anders. Einkaufen ist anders, zum Bäcker gehen
> ist anders, sich frei bewegen ist anders. Ich kann nicht mehr überall par-
> ken, lange nicht überall anhalten und je nach Windrichtung ist es auch
> dann doch ganz schön laut« (Kunkel, 16:11-16:32).

Wenn Dorf und Festival verschmelzen, so geht während dieser Zeit
auch der eigentliche Raum des Dorfes verloren. Deshalb entsteht für
die Einwohner eine völlig neue Situation, die zum einen als interessant und reizvoll, zum anderen aber auch als störend und verstörend
empfunden werden kann.

5 Soziale Struktur und symbolische Aspekte des Raumes

Das Wacken Open Air hat ein multikulturelles Publikum von Heavy Metal-Fans. Sie sind aber nicht die einzigen Akteure im Raum. Die Dorfbewohner, das Festivalpersonal und die Künstler sind Teil der Raumkonstitution. In *Wacken* entsteht ein sozialer Raum, der mehrere Gruppierungen umfasst, auch unter den Besuchern. Symbole wirken hier nicht nur in Form von Kleidung und Strategien der Semiotisierung, sondern auch in (kollektiven) Handlungssituationen. Dabei treten, im Sinne Bourdieus, verschiedene Formen von Kapital in Erscheinung, die entsprechend verhandelt werden. Im folgenden Kapitel werde ich auf die Unterschiede eingehen, die sich dabei entwickeln. Dafür stütze ich mich primär auf die Daten, die ich durch die Erinnerungsberichte erhalten habe. Beginnend mit einem Überblick über die symbolischen Formen, werde ich anschließend den sozialen Raum *Wacken* näher betrachten, um schließlich die im Raum agierenden Gruppen zu kategorisieren.

5.1 Symbolische Formen

Während der Zeit des Festivals wird der Raum *Wacken* symbolisch aufgeladen. Die Inszenierung des Raumes fi ndet über symbolische Formen statt. Damit sind nicht nur die Mengen an okkulten Zeichen gemeint, die in der Heavy Metal-Szene gebräuchlich sind, sondern auch sprachliche Zeichen und Gesten. Beginnen möchte ich mit den Zeichen und Symbolen, die von den Veranstaltern zur Inszenierung des Raumes genutzt werden. Der bereits vorgestellte Büffelschädel, das Logo des Open Air, hat seine symbolische Bedeutung über die Jahre ausgebaut. Zunächst von den Organisatoren als Wiedererkennungszeichen gedacht, hat es über die emotionale Kopplung von Besucher und Festival mittlerweile einen Symbolcharakter angenommen, der nicht nur die Bedeutungsebene des Festivals in sich trägt, sondern auch mit der Heavy Metal-Szene an sich in Verbindung gebracht wird.

»Du versuchst mit einer Symbolik oder mit einer Schrift oder einem Namen bei den Leuten irgendeine Assoziation hervorzurufen. Wir wollten natürlich, dass unser Festival wiedererkannt wird und dass die Leute dann irgendwann mal eine Karte kaufen. Das ist eigentlich so das Einfache. Dann ist diese ganze Geschichte ja ausgeufert, dass dieses Festivalsymbol vielleicht ein Synonym für ein Lebensgefühl und für diese Musik geworden ist. Warum das jetzt so gewesen ist... das haben die Fans ja im Grunde mehr oder weniger selber gemacht. Ja, und wir haben versucht darauf zu reagieren. Wir haben im Grunde versucht, denen das zu geben, was sie eigentlich haben wollen« (Jensen, 21:52-22:39).

Da für die Durchsetzung eines Symbols der Konsens einer Gruppe notwendig ist, kann dessen Sinn und Relevanz nicht vorher festgelegt werden. Wie Thomas Jensen sagt, haben die Fans die Institutionalisierung des Symbols selbst vorangetrieben. Der Büffelschädel fand sich schnell auf T-Shirts wieder und wurde auch für weitere Accessoires benutzt, sodass sich bereits nach kurzer Zeit die Symbolik bei den Besuchern und in der Heavy Metal-Szene durchgesetzt hatte. Dieses Symbol des Festivals ist omnipräsent, da es auch auf den Fahnen abgebildet ist, die an zahlreichen Gebäuden entlang der Hauptstraße angebracht sind.

Die Farbe Schwarz ist die zweite Hauptkomponente der symbolischen Inszenierung. Die naheliegenden Assoziationen mit Dunkelheit, Nacht und Finsternis entsprechen der im Diskurs des Heavy Metal eingelagerten Ästhetik am ehesten. Die Hard Rock-Band Black Sabbath hat in den 70er Jahren mit den Coverartworks ihrer Alben eine solche Art von Visualisierung mit ihrer Musik verbunden. Die Anfänge der Symbolik des Heavy Metal sind innerhalb dieses Zeitraumes zu verorten. Heute sind die Verbildlichungen von Text und Musik, sei es in Form von Kleidung, Postern etc., meist mit der Bedeutung des »Bösen« konnotiert.

»Nicht der Kontext, sondern die Texte, die der Musik unterlegt werden bzw. die düsteren Klänge der Gitarren und die schreienden Stimmen der Sänger verkörpern das eigentliche ›Böse‹. Das ›Böse‹ wird nicht von oben verordnet, vielmehr sammeln diese Jugendlichen Versatzstücke aus unterschiedlichen Ideologien auf und fügen diese zu einem eigenen, bewusst das Böse vermitteln wollenden Weltbild zusammen« (Funk-Hennings 2008: 143).

Schwarze Kleidung wird von Heavy Metal-Fans besonders im Alltag als distinktives Mittel genutzt, meist in Verbindung mit auf der Kleidung aufgedruckten Bandnamen. Diese Art der Uniformierung trägt den Konsens der Szene symbolisch nach außen und dient damit als Erkennungsmerkmal, welches Zugehörigkeit zu einer bestimmten Gruppe bzw. Subkultur signalisiert. Neben der zentralen symbolischen Form schwarze Kleidung ist die Heavy Metal-Kultur durch langes Kopfhaar, okkulte Symbole (z. B. Pentagramm, umgedrehtes Kreuz, Totenschädel), durch Körperschmuck wie Tätowierungen und Piercings, sowie das Band-Merchandise, das diese symbolischen Formen häufig vereint, gekennzeichnet.

Durch solche symbolischen Ordnungen konkretisiert sich die Wahl des Heavy Metal als Lebensstil nach außen.

»Wir fuhren also dorthin, mussten dann jedoch außerhalb des Geländes bleiben, da wir natürlich keine Karten hatten. Umso mehr waren wir natürlich beeindruckt von den Gestalten, die sich dort herumtrieben und die aus unserer Sicht damals, ziemlich ›cool‹ drauf waren. Ich würde lügen, zu sagen, diese ganze Aktion hätte den Weg durch die Pubertät und das Älterwerden nicht beeinflusst« (Erinnerungsbericht 1: Jan H.).[17]

Symbole treten aber nicht nur in Form manifester, ästhetisierter Zeichen auf, wie der besagte Büffelschädel, sondern drücken sich auch in

---

[17] Die Rechtschreibung und Zeichensetzung der Erinnerungsberichte wurde vorsichtig den allgemein gültigen Regeln angepasst.

Handlungen und Sprache aus. In *Wacken* und in der Heavy Metal-
Szene im Allgemeinen finden sich, in Form ritualisierter Handlungs-
abläufe, solche symbolischen Formen wieder.

> »Rituale sind Interaktionssymbole im Vollzug. Rhythmisch und bildhaft
> übersetzen sie die Einbindung der Mittuenden und der Zusehenden in
> symbolische Selbstbilder und -erlebnisse, die sich sofort objektivieren
> und deshalb auf Wiederholbarkeit angelegt sind. So entstehen Rituale als
> feste Regulierungskomplexe, die ihnen zugrundeliegende Normierungen
> in actu zuleich verflüssigen und erlebnishaft verlebendigen« (Rehberg
> 2001: 36).

Das in der Szene bekannteste Interaktionssymbol sind die »Devil
Horns«, ein Handzeichen, bei dem Zeigefinger und kleiner Finger
ausgestreckt werden, um damit Teufelshörner darzustellen. Es gibt
mehrere Benennungen und Interpretationen dieses Handzeichens, wie
beispielsweise »Metal Fork« oder die ironische Bezeichnung »Pom-
mesgabel«. Es ist in der Heavy Metal- und Hard Rock-Szene seit Jahren verankert und wird bei Live-Konzerten konsensuell vorgezeigt, um
damit Begeisterung für die Musik zu zeigen, aber auch um Szenezu-
gehörigkeit und -bewusstsein zu demonstrieren. Mit Erving Goffman
kann man hier von einer körperlichen Symbolik sprechen, mit der
Menschen in einem öffentlichen Raum kommunizieren und interagieren. Die körperliche Symbolik ist

> »ein Idiom der individuellen Erscheinungen und Gesten, die beim Ak-
> teur das hervorruft, was sie auch bei den anderen hervorruft – aber eben
> nur bei den anderen, die unmittelbar anwesend sind« (Goffman 2009:
> 49f.).

Insofern lässt sich von einem symbolischen Verhalten und Handeln
der Menschen sprechen, das neben dem materiellen und habituellen
Handeln raumkonstituierend ist. Löw erläutert die symbolischen
Wirkungen in einer Handlungssituation am Beispiel von Gruppen-
verhalten:

»Wenn zum Beispiel eine Gruppe von Menschen sich derart aufstellt, daß ein geschlossener Raum entsteht, dann werden materiell Personen bewegt, häufig auch Objekte positioniert, und dabei symbolische Wirkungen erzielt. Wenn man als Hinzukommende(r) diese Menschengruppe ebenfalls zu einem Raum synthetisiert und gleichzeitig die ursprüngliche Intention, sich dazuzugesellen, ändert und zum Buffet geht, hat auch dieses Handeln einen symbolischen Aspekt (man demonstriert Nicht-Zugehörigkeit) und einen materiellen Aspekt (man läuft über den Fußboden, bewegt seinen Körper, greift zum Besteck etc.)« (Löw 2001: 193).

In *Wacken* tragen viele der Besucher ihre gesammelten Festivalbänder zur Schau, d. h. die Bänder, die man nach Abgabe der Karte als Erkennungszeichen um das Handgelenk gebunden bekommt. Sie zeigen damit an, wie oft sie bereits das Festival besucht haben. So kann der Status des jeweiligen Besuchers abgelesen werden. Außer als Anzeige des Prestiges als symbolischem Kaptital sind die Bänder zugleich als ein Indikator für die Zeit und den Grad der Beschäftigung mit der Szenekultur zu sehen. Damit repräsentiert eine Person auch Authentizität hinsichtlich ihres Lebensstils.

»In der Beziehung dieser beiden den Habitus definierenden Leistungen: der Hervorbringung klassifizierbarer Praxisformen und Werke zum einen, der Unterscheidung und Bewertung der Formen und Produkte (Geschmack) zum anderen, konstituiert sich die repräsentierte soziale Welt, mit anderen Worten der Raum der Lebensstile« (Bourdieu 1982: 277f.).

In der Heavy Metal-Szene inkorporieren die Subjekte bestimmte kulturelle Schemata, die sie dann auf Praktiken und Objekte anwenden. So gibt es einige Objekte und Sammlungen, die einen hohen Prestigewert haben und wie ein Statussymbol wirken. In der Heavy Metal-Szene lassen sich als Beispiel hierfür originale Plattensammlungen, signierte Gegenstände oder rare T-Shirts von populären Bands nennen.

»Auch noch heute im Zeitalter der Massenproduktion und Bilderfluten
– erleben wir das ›Original‹ als besonderes Objekt der Begierde. Die all-
gegenwärtige Präsenz der wichtigsten Kunstikonen hat deren Einzigar-
tigkeit als von einem Meister gemaltes Bild nicht zerstört, vielmehr sind
sie gerade wegen ihrer verbreiteten Bekanntheit zum Unwahrschein-
lichsten und damit Unerreichbarsten geworden. Zum anderen erscheint
die räumliche Inszenierung des Gesammelten selbst als symbolisch«
(Rehberg 2001: 41).

Mit dem Besitz solcher Gegenstände legitimieren Personen innerhalb
des Feldes auch ihren Deutungsanspruch, ihre Interpretation dieser
Objekte und Werke. Hier vermischt sich das ökonomische mit dem
symbolischen Kapital.

Über ästhetische Distinktionsmittel generieren sich Kollektive eines
Lebensstils, die primär durch ihr symbolisches Kapital den sozialen
und symbolischen Raum beanspruchen. Diesen Anspruch erheben in
erster Linie die »Veteranen«, also diejenigen, die sich bereits viele Jahre
mit der Szene beschäftigen und das W.O.A. häufig besucht haben. Sie
sind es, die die längste Zeit den Lebensstil des Heavy Metal gelebt
haben und folglich auch am meisten symbolisches Kapital innerhalb
des sozialen Raumes *Wacken* akkumuliert haben.

»In der Analyse ›moderner‹ Gesellschaften findet sich das symbolische
Kapital als Prestige, d.h. als Wahrnehmung und Anerkennung von Kapitalien innerhalb und zwischen Lebensstilgruppen« (Diaz-Bone 2002:
27).

Es kommt mithin zu einer Hierarchisierung innerhalb des Heavy Metal-Publikums durch symbolische Distinktionsakte. In der Praxis äußert sich dies unter anderem durch Strategien der Semiotisierung, mit
denen innerhalb des Feldes, in diesem Fall im Feld der Heavy Metal-
Szene, eine Ordnung der Dinge konstruiert wird (Diaz-Bone 2002:
31).

Diese symbolische Ordnung von distingierenden Objekten, Werken und Praktiken entfaltet eine Distinktionswirkung mittels der Beurteilungsschemata der jeweiligen sozialen Gruppe (Diaz-Bone 2002: 33).

5.2 Hierarchie, Konkurrenz und Kapital

Die symbolische Ordnung in *Wacken* ist ein Indikator für die Struktur des sozialen Raumes. Da Heavy Metal auch Bezeichnung für einen Lebensstil ist, ergibt sich daraus das erste wesentliche Unterscheidungsmerkmal für die Gruppen im Raum.

»Als Klassifizierungssystem aufbauend auf den Normen, die mit einer bestimmten Stellung innerhalb der gesellschaftlichen Hierarchie verbunden sind, determiniert seinerseits der Geschmack die Beziehungen zum objektivierten Kapital, dieser Welt von Rangordnungen folgenden und selber Rang zuteilenden Gegenständen, die mithelfen, den Geschmack zu definieren, indem sie ihm die Möglichkeit geben, sich spezifisch zu realisieren« (Bourdieu 1982: 364).

Die Gruppe der »Veteranen« steht jenen Personen im Raum kritisch gegenüber, die ihrem Kollektiv nicht habituell entsprechen und ihre symbolische Ordnung nicht teilen. Die symbolische Ordnung wird vom Geschmack der Personen geprägt. Unter dem Aspekt, dass der Geschmack die Beziehungen zum objektivierten Kapital, also besagten Objekten und Werken, determiniert, ergibt sich daraus ein weiterer Faktor für die Positionierung des Individuums im sozialen Raum. Der Geschmack steht für die Objektivationen und Subjektivationen der Individuen. Diese Subjektivationen und Objektivationen bestimmen das kulturelle Kapital. Der Geschmack ist insofern auch ein Indikator für die Authentizität der Subjekte, welche in der Heavy Metal-Szene eine große Rolle spielt. Sie wird zum einen über Ästhetisierungen geschaffen, benötigt aber zum anderen auf kommunikativer Ebene ein hohes Maß an kulturellem bzw. szenekulturellem Kapital. Bourdieu meint mit kulturellem Kapital vor allem Bildung. Zum kulturellen

Kapital der Heavy Metal-Szene zählt entsprechend die Kenntnis über bestimmte Bands, über die Geschichte der Musik oder die Differenzen und Bedeutungen sämtlicher Subgenres. Das Fehlen dieses Wissens bzw. das gestufte Maß an diesem Wissen trennt das Publikum in verschiedene Kategorien.

Anhand einiger Beispiele aus den Erinnerungsberichten und dem Interview mit Julien Vosgerau möchte ich die Wahrnehmung der Gruppen im Raum darstellen. Gerade aus den Erinnerungsberichten ergibt sich hierzu eine eindeutige Taxonomie. Die Erinnerungsberichte, die von Mehrfachbesuchern angefertigt worden sind, drücken damit eine Definitionshoheit aus, die zugleich als distinktives Mittel eingesetzt wird und den sozialen Raum beschreibt. Aus dem Blickpunkt der »Veteranen« werden Personen im Raum *Wacken* bezeichnet. Es ergibt sich hierbei eine dreigliedrige Taxonomie, die von mir begrifflich als »Veteranen«, »Nachwuchs« und »Festivaltouristen« gefasst wird. Diese Bezeichnungen sind den Projektionen der »Veteranen« entlehnt. Die »Veteranen« wünschen sich in den Foren die kleineren und überschaubaren Zustände zurück, erzählt Thomas Jensen. Ein Generationswechsel vollzieht sich innerhalb der Szenekultur und findet seinen Ausdruck auch im Publikum des W.O.A.

> »Weil ich glaub, dass natürlich der momentane Metal-Boom auch nur so sein kann, weil junge Leute dazu gekommen sind. Wir haben natürlich bei uns im Forum auch oft, ich sag jetzt mal so die Veteranen, die natürlich alle wollen, dass es so bleibt wie alles war, was natürlich Schwachsinn ist. Funktioniert nicht. Das kann ich dir so sagen. Ohne Bewegung stirbst du ja irgendwann. Ist einfach so. Und ohne Nachwuchs geht dann auch irgendwann die Szene ein« (Jensen, 35:30-36:03).

Bei vielen stößt die Popularisierung und die kommerzielle Entwicklung des Festivals auf Kritik. Vorwürfe des Ausverkaufs gehen einher mit den wachsenden Besucherzahlen und dem steigenden Medieninteresse.

«Die Grundstimmung auf dem Campinggelände ist sicher immer noch relativ gut, durch den erhöhten Bekanntheitsgrad vergrößert sich allerdings auch die Zahl der Besucher, die nur zum feiern und weil es ›cool‹ ist nach Wacken kommen und mit der eigentlichen Musik, die bei allem drumherum immer noch ein wichtiger Faktor sein sollte, relativ wenig anfangen können, wodurch das Gemeinschaftsgefühl sicher auch etwas leidet. Das Festival hat sich etwas von einem kleinen Festival 'von Fans für Fans', wie das Motto glaube ich mal lautete, zu einem Massenprodukt entwickelt« (Erinnerungsbericht 2: Torben P.).

Der hier angesprochene Punkt markiert die Trennlinie innerhalb des Publikums. Die Musik ist das Kernelement der Heavy Metal-Szene, da es sich hierbei um eine Subkultur handelt, die sich explizit aus einer Musikrichtung heraus entwickelt hat, die auch immer noch das Fundament bildet.

»Spaß war ausreichend vorhanden, aber im Gegensatz zum Vorjahr konnte meine Euphorie nicht durchgängig aufrecht erhalten werden. Zum einen konnte ich feststellen, dass diese ›große Familie‹ der Metaller doch gar nicht so eng verbandelt war, wie ich es vorher erlebt hatte. Da man ja zumeist mit Band-T-Shirt oder anderweitigen Fan-Artikeln bzw. szenetypischen ›Accessoires‹ unterwegs ist, wurde gerne das Schubladendenken aktiviert, gelästert und geurteilt« (Erinnerungsbericht 3: Eike P.).

»Irgendwelche Möchtegerns sind nur nach Wacken gefahren um zu feiern und haben sich nicht ein Konzert angeschaut« (Erinnerungsbericht 4: Boy D.).

»Umso schlimmer ist es für die ›Alteingesessenen‹, wenn ihr gemütliches Festival von heranwachsenden Jugendlichen besucht wird, die wenig mit der Musik zu tun haben, aber hier eine gute Möglichkeit sehen, sich besinnungslos zu saufen und sich danebenzubenehmen. Das Festival zieht solche Personengruppen immer stärker an, es wird damit zu einem E-vent, was sich von den eigenen Wurzeln schrittweise entfernt (man fährt da halt hin, weil es in der Nähe ist und benimmt sich so, als wäre man auf Mallorca). Zwischen denen, die erst wegen des ganzen Rummels

zum Wacken kommen und denen, die es schon viel länger besuchen, gibt
es zwar keine richtige Gesprächsbasis, aber wirklich konfliktträchtige
Reibereien gibt es auch nur sehr selten« (Erinnerungsbericht 5: Christoph H.).

Das von Eike P. angesprochene Schubladendenken lässt sich in Wacken vielfach beobachten. So sind Mechanismen von Inklusion und
Exklusion innerhalb des Besucherklientels häufig vorzufinden, seien
sie durch besagte »Accessoires« symbolisch oder durch Verhalten und
Handeln konkret realisiert. Seitens der »Veteranen« herrscht Un-
verständnis gegenüber dem Verhalten einiger Besucher, die nicht primär wegen der Musik das Festival besuchen. Der Ausdruck »Möchtegern« zeigt sehr gut die Einstellung gegenüber jenen, die nicht dassel-
be Maß an kulturellem und symbolischen Kapital innerhalb der Szene
besitzen. Diese Urteilsbildung ist von gruppendynamischen Prozessen
geprägt. Innerhalb der Peergroup der »Veteranen« wird sich über die
anderen Besuchergruppen lustig gemacht bzw. in einer Form kommuniziert, die den selbsternannten Status der »Veteranen« festigt. So
schärfen sie das Profil ihrer Gruppe nach innen und außen, inkludie-
ren und exkludieren. Dadurch kompensieren sie ihre szenekulturellen
Konflikte mit den anderen Gruppen. Dies ist ein möglicher Grund
dafür, dass es trotz der Kategorisierung des Publikums keiner kommu-
nikativen oder physischen Auseinandersetzung zwischen den Gruppen
bedarf.
Die subjektive Einschätzung des Publikums seitens der »Veteranen«
unterliegt insofern einer Fehlinterpretation, als dass viele der vorab als
»Möchtegern« bezeichneten Besucher sehr wohl Erfahrung mit der
Musik und Szenekultur haben können, dies aber nicht äußerlich zur
Schau stellen, weil sie das Annehmen der symbolischen Formen möglicherweise als Konformitätszwang empfinden. Die »Veteranen« hingegen sind entsprechend symbolisch geformt und gliedern sich somit
auch in die symbolische Ordnung der Szene ein. Gisela Welz schreibt,

dass »Genrekonventionen und die in den Genres eingelagerten kulturellen Ordnungen und Taxonomien in ihrer historischen Genese gleichzeitig Ausdruck und Erzeuger von Herrschaftsstrukturen« (Welz 1996: 85) sind.[18]
Die dritte Kategorie der Festivalbesucher, die »Festivaltouristen«, lässt sich am ehesten mit dem Begriff »Zappermentalität« fassen, den Gerhard Schulz 2000 in seiner Abhandlung »Kulissen des Glücks« geprägt hat. Im Zuge wachsender Angebote und Events verblassen Ordnungen und damit auch soziale Distinktionen und spezifische Lebensphilosophien. Aufgrund der Frequenz und Schnelllebigkeit solcher Veranstaltungen gehen Orientierungen verloren (Schulze 2000: 96f.). Es entsteht eine »Zappermentalität«. Sie beschreibt die grundlegende Diskrepanz zwischen den »Veteranen« und den »Festivaltouristen«. Letztere verbinden mit der Heavy Metal-Kultur und dem Ereignis Wacken Open Air keine Lebensphilosophie.

> »Es ist halt die Sache, dass Leute aus einer anderen Musikgeschichte da jetzt noch zugekommen sind so. Also aus einer ganz anderen Szene und die auch, ja schon vom ganzen Auftreten anders sind, weil Metal ja doch irgendwo, wenn du es hörst, hörst du nicht nur einfach eine Musik irgendwo, sondern du lebst ja auch so ein bisschen danach. Es hat schon Einfluss auf deine ganze Art und genau so ist es mit anderen Musikstilen und deshalb sind die Leute halt anders drauf und da kommt man dann teilweise echt komisch mit denen klar« (Vosgerau, 15:47-16:12).

Die hier angesprochene andere Szene bezeichnet die Personen, die aus dem musikalischen Feld des Hardcore kommen, einer Musikrichtung, die sich musikalisch aus dem Punk-Rock entwickelt hat und ebenso wie dieser meist mit politischen Inhalten aufgeladen ist. Obwohl sich Hardcore und Heavy Metal in den letzten 10 bis 15 Jahren musika-

---

[18] Sie bezieht ihre Aussage auf eine Gegenüberstellung von Musealisierung und Festivalisierung, mit der sie Parallelen zwischen diesen beiden Bewegungen aufzeigt.

lisch immer weiter angenähert haben, unterscheiden sie sich in Hinblick auf Ästhetik und Denkweise stark.[19] Speziell die aktuellen Trends im Heavy Metal und Hardcore zeigen allerdings eine Zusammenführung der beiden Subkulturen in Form neuer Bands, die diese beiden Genres zu einem Hybrid verschmelzen. Da Heavy Metal ohnehin mehrere Subgenres beinhaltet, die mitunter eigene Formen der Semiotisierung und Ästhetik evozieren, ergibt sich insgesamt das Bild eines zunehmend pluralistischen und multikulturellen Publikums, welches einen Konsens in *Wacken* erschwert.

5.3 Gruppen im Raum

Die Besucherzahl ist im Laufe der nun über 20-jährigen Geschichte des Festivals massiv angewachsen und das Publikum wurde zunehmend differenzierter. Seit das W.O.A. in den Medien stark präsent ist, wurden folgerichtig auch viele Menschen auf es aufmerksam. Ein breiteres Publikum bringt auch eine größere Pluralität mit sich.

Mit der nachfolgenden Taxonomie »Veteranen«, »Nachwuchs« und »Festivaltouristen« soll diese Pluralität nicht aufgehoben, sondern lediglich operationalisiert werden.

Für die Unterscheidungen stütze ich mich auf die Distinktionstheorie Pierre Bourdieus, wie er sie in »Die feinen Unterschiede« (Bourdieu 1982) entwickelte. Rainer Diaz-Bone nahm 2002 in seinem Werk »Kulturwelt, Diskurs und Lebensstil« eine diskurstheoretische Erweiterung der Distinktionstheorie vor und exemplifizierte sie unter anderem am Beispiel der Heavy Metal-Szene.

> »Distinktion wird als eine Praxis begriffen, in der sich ein Klassifizierender in einem urteilenden Akt in eine Relation zu einem Objekt, zu einer Handlung oder zu einem Wert setzt. Die Distinktion erfolgt nicht ein-

---

[19] So wird in der Hardcore-Szene oftmals der Drogenkonsum und der Verzehr von Fleisch kritisiert und unterlassen.

fach durch den Verweis auf eine bereits gegebene Hierarchie, sondern besteht vor allem in dem Wie, in der Weise der In-Beziehung-Setzung« (Diaz-Bone 2002: 31).

Die Veteranen. Damit sind die Personen gemeint, die das Festival in der Regel mehrmals besuchten und eine starke Verbindung zur Szenekultur haben. Sie sind symbolisch geformt, weisen also die semiotischen Merkmale der Szene auf und besitzen die Lesekompetenz für jene symbolischen Formen der Heavy Metal-Kultur. Sie wurden in der Regel durch Annoncen in den Szenepublikationen oder durch Hinweise von Freunden, die der Heavy Metal-Szene verbunden sind, darauf aufmerksam. Die Intensität mit der die »Veteranen« das Festival erleben und verbinden, ist wesentlich für ihre Raumwahrnehmung. Insbesondere bei dem ersten Besuch des Festivals kann die verspürte Intensität ausschlaggebend dafür sein, wie das Ereignis das Individuum prägt, ob es dadurch Zugang zur Heavy Metal-Szene findet oder nicht.

Personen dieser Gruppe pflegen auch anderweitige Verbindungen zur Szene, beispielsweise durch Besuche anderer Heavy Metal-Konzerte, durch das Sammeln von CDs oder das Spielen in eigenen Bands. Sie besitzen das meiste symbolische und kulturelle Kapital innerhalb des sozialen Raumes, mittels dessen sie sich von anderen Besuchern abgrenzen. Sie nehmen von sich eine hohe Kompetenz in der symbolischen und kulturellen Ordnung der Heavy Metal-Kultur an.

Der Nachwuchs. Der Name dieser Gruppierung ist selbsterklärend. Hierunter fallen vor allem alle jugendlichen Personen, die gerade anfangen, sich mit der Heavy Metal-Musik und der dazugehörigen Szenekultur zu befassen. Für diese sind moderne Subgenres der Musik oft der Grund für den Einstieg in die Szene. Jene Subgenres sind es aber auch, die distinktiv innerhalb der Heavy Metal-Szene wirken. So werden moderne Strömungen oft von den »Veteranen« als »untrue« bzw.

als nicht authentisch genug bezeichnet. Auch in den Szenepublikationen findet man immer wieder diese Diskrepanz, die sich auch in den ästhetischen Konzepten der Fans und Bands ausdrückt.

Wie Thomas Jensen erzählt, stirbt ohne Nachwuchs die Szene aus. Dieser entwickelt sich binnen weniger Jahre zum Kern der Szenekultur und findet sich folglich irgendwann in der ersten Gruppe der Veteranen wieder. Der erste Besuch des Festivals kann auch hier, abhängig von der verspürten Intensität, zu einer Identifikation mit der Szene führen und somit die Entwicklung bezüglich des Interesses an der Musik und der Adaption symbolischer Formen katalysieren.

Die Festivaltouristen. Damit soll jene Gruppe bezeichnet werden, die mit der Szenekultur des Heavy Metal in der Regel keine unmittelbaren Berührungspunkte hat. Personen dieser Gruppe gehen primär zum Feiern auf das W.O.A. und nur sekundär wegen der Musik. Dies drückt sich auch im Erscheinungsbild aus. Die symbolischen Formen der Szene werden von dieser Gruppe nicht angenommen oder nicht authentisch vertreten. In den Erinnerungsberichten wird meist negativ über diese Gruppe gesprochen. Die Informationen, die aus dem Sample zu entnehmen sind, deuten darauf hin, dass der Anteil der Festivaltouristen durch die wachsende Medienpräsenz zugenommen hat, zumindest wird es so wahrgenommen. Während Gruppe 1 und 2, abgesehen vom vermeintlichen Generationskonflikt, einer Szenekultur und symbolisch einem Kollektiv angehören, so fällt die dritte Gruppe aus diesem Rahmen heraus. Besucher dieser Kategorie haben seit dem Festival-Boom der 90er Jahre zugenommen. Die moderne Form von Musikfestivals mit ihrem großen Angebot und der schnellen Abfolge von Künstlern innerhalb kurzer Zeit ist das Ergebnis einer marktwirtschaftlichen Entwicklung (Lundberg et al. 2003: 343). Wegen der wachsenden Anzahl an Konkurrenten setzen Veranstalter und Organisatoren immer mehr auf die Arbeit mit Medien im Sinne marktwirtschaftlicher Strategien, um auf diese Weise Aufmerksamkeit zu gewinnen. Durch das wachsende Angebot an Attraktionen und Programmen auf Festivals agieren die Besucher zunehmend diskontinuierlich (Lundberg et al. 2003: 344). Die vermehrten Eindrücke und Reize, die nun auf Festivals gesetzt werden, katalysieren ein entsprechendes Konsumverhalten der Besucher und sind ein wichtiger Grund für die Entstehung von »Festivaltouristen«.

Ergänzend zu den »Veteranen«, dem »Nachwuchs« und den »Festivaltouristen« folgt eine Beschreibung der Gruppen, die jenseits der eigentlichen Besucher zu verorten, auf dem Festival aber ebenfalls präsent sind.

Die Künstler. Sie sind der Grund für die »Veteranen«, wohl aber auch für die meisten Besucher der anderen Gruppen, zum Festival zu reisen. Erst durch das »Line-Up«, also das gesamte Aufgebot der Bands, erhält das Festival sein sinngebendes Element. Die Mitglieder der Bands verkörpern die Ästhetik der Szenekultur und setzen die symbolische Ordnung der Szene. Sie begründen mit ihren Auftritten die soziale Veranstaltung *(social occasion)* und verursachen die Zusammenkunft *(gatherings)* der Fans.[20] Die Künstler versammeln die Besucher vor den Bühnen, wodurch sie als Auslöser direkt an den Bewegungen der Subjekte im Raum und den daraus folgenden Spacing- und Syntheseprozessen beteiligt sind.

Das Personal. Darunter sind alle Personen zusammengefasst, die angestellt worden sind, um u. a. als Ordner an den Sicherheitsschleusen die Besucher zu kontrollieren oder an einem der vielen Gewerbe tätig zu sein. Sie arbeiten während des Festivalzeitraums und sind an die ihnen

---

[20] In »Interaktion im öffentlichen Raum« gliedert Erving Goffman mit diesen Begriffen das Verhalten von Menschen in verschiedenen öffentlichen Situationen (Goffman 2009: 34).

zugewiesenen Plätze und Positionen gebunden. Die Ordner haben eine strukturierende Funktion für den Raum. Sie weisen Leute auf das Gelände, ebenso wie sie für die Einhaltung gewisser Grenzen und Regeln verantwortlich sind. Sie schaffen damit ein Maß an Kontrolle, dem der Raum unterliegt. Viele Beschäftigte sind Bewohner von Wacken.

Die Dorfbewohner/Einheimischen. Abgesehen von ihren Handlungen und Aktionen im Ort Wacken haben sie als Anwohner das Privileg des freien Eintritts. Sie heben sich optisch stark von dem restlichen Publikum ab und sind in der Regel keine Fans der Heavy Metal-Musik. Sie besuchen das Festivalgelände in den seltensten Fällen wegen des musikalischen Angebots, sondern eher wegen der Stimmung im Raum.

»Also das ist wirklich so, wir freuen uns da echt drauf und machen da auch mit. Wir sind auch jeden Abend da, meine Frau und die zwei Kinder, die sind inzwischen auch 19 und 22, die kommen auch mit. Also jeder geht da auf den Platz. Wir haben ja freien Eintritt da alle, jeden Tag und gehen da rum, trinken mal ein Bier, gucken mal nach Musikbands. Alle gefallen uns natürlich nicht, das ist ganz klar, aber einige kann man sich doch gut angucken« (Kunkel, 12:00-12:26).

6 Atmosphäre

In den Erinnerungsberichten war häufig von *Atmosphäre, Feeling* oder *Spirit* die Rede. Das Festival erschafft offenbar einen Raum mit einer unsichtbaren, aber spürbaren Wirkung auf die Gefühle der Anwesenden. Jene unsichtbare Wirkung werde ich im Folgenden in Anlehnung an Gernot Böhme als Atmosphäre bezeichnen (Böhme 1995).

Da es sich bei Atmosphären nicht um etwas objektiv Bestimmbares handelt, sind ihre Wahrnehmung und Interpretation individuell. Sie sind »etwas räumlich Ergossenes, fast so etwas wie ein Hauch oder ein Dunst« (Böhme 1995: 27). In Bezug auf die Qualität des Atmosphärischen spricht Elisabeth Ströker von *gestimmten Räumen:*

> »Sein Vernehmen ist kein Wahrnehmen, sein Gewahren kein Erkennen, es ist vielmehr ein Ergriffen- und Betroffensein. Der Raum übt zwar seine ›Wirkung‹ aus, er steht aber zum Erleben nicht in einem Kausalverhältnis, sondern er ›teilt sich mit‹, ›spricht an‹« (Ströker 1965: 22f.).

Böhme beschreibt in seinen Ausführungen zum Thema Atmosphäre die Möglichkeit ihrer Produktion durch ästhetische Arbeit bzw. Design.

> »Design als ästhetische Arbeit, als Produktion von Oberflächen und Formen entscheidet heute darüber mit, in welcher Weise sich der Mensch leiblich erfahren kann und in welcher Weise er sich durch die Strategien der Designer erfahren soll« (Böhme 1995: 18).

Die Konstruktion von Atmosphären wird also durch Architektur und Design mitbestimmt. Das Produkt dieser Arbeit verdrängt die Realität innerhalb eines Raumes. Nach Böhme »sind Atmosphären ergreifend und von einer unauffälligen Aufdringlichkeit. Es sind Wirklichkeiten, die sich als Realität geben« (Böhme 1995: 47). Die Wirkung von Atmosphären ist immer räumlich konnotiert. Sie bildet sich, wie Raum im Sinne Löws, durch die relationale Lage von Subjekten, sozialen

Gütern und Objekten (Löw 2001: 205). Böhme konkretisiert die Bedeutung von Atmosphären in Bezug zum Raum. Sie seien Räume,

> »insofern sie durch die Anwesenheit von Dingen, von Menschen oder Umgebungskonstellationen, d. h. durch deren Ekstasen, ›tingiert‹ sind. Sie sind selbst Sphären der Anwesenheit von etwas, ihrer Wirklichkeit im Raum« (Böhme 1995: 33).

Wenn im Folgenden die Atmosphären in Bezug zu Räumen gesetzt werden bzw. sie als Räume verstanden werden, so muss man berücksichtigen, dass sie »flächenlos« sind. Hermann Schmitz bezeichnet Atmosphären als flächenlose Räume.

> »In flächenlosen Räumen gibt es mangels Fläche keine Punkte, Strecken und dreidimensionalen Gebilde, auch keine umkehrbaren Verbindungsbahnen, an denen Lagen und Abstände gemessen werden könnten, wohl aber dynamisches Volumen mit Bewegungssuggestionen und Richtungen, die nicht umkehrbar sind, sich aber auf den absoluten Ort des spürbaren Leibes beziehen, indem sie von ihm ausgehen oder ihn treffen, wie z. B. die Richtung von Blicken« (Schmitz 2009: 75).

6.1 *Wacken* als Impression

Den Autoren der Erinnerungsberichte habe ich, nach Abgabe ihrer verschriftlichten Erfahrungen, in einem zweiten Schritt eine Reihe von Fragen vorgelegt. In diesen wurde auch das Thema Atmosphäre angesprochen. Die Aussagen zeichneten hier ein fast einheitlich positives Bild. Es herrscht ein weitgehender Konsens über die starke atmosphärische Wirkung *Wackens*, die häufig als das Abgrenzungsmerkmal gegenüber anderen Festivals herausgestellt wird. Die konkrete Frage lautete: Welche Atmosphäre hat Wacken (das Festival) für dich und warum?

> »Sehr familiär, wegen der Verbindung mit dem Dorf. Friedlich, weil alle Metaller nur ihre Musik und die gute Party genießen wollen. Frei, weil das Gelände und die offene Gestaltung des Festivals (im Vergleich zu

anderen) viele Freiheiten bietet, sich sein Wacken so zu gestalten, wie man es mag« (Erinnerungsbericht 6: Katharina S.).

»Die Atmosphäre ist sehr entspannt. Man konnte sich mit jedem unterhalten oder zusammen einen trinken. Jeder hat sich gefreut, ein Teil dieses Events zu sein, egal ob Dorfbewohner oder Besucher. Man merkt, wie das Wacken die Menschen zusammenbringt« (Erinnerungsbericht 7: Nils B.).

»So merkwürdig es auch klingt, aber Wacken ist für mich Entspannung pur. Ich mache, was ich will und wann ich es will. Ich hab meine Freunde dabei, sehe gute Bands, höre viel Musik und lerne neue Leute kennen« (Erinnerungsbericht 8: Tristan I.).

»Es hat auf jeden Fall die Atmosphäre sich in seiner Haut wohl zu fühlen, auf jegliche Konventionen zu scheißen und einfach mal alle Probleme hinter sich zu lassen. Jedes Mal, wenn ich in Wacken war, habe ich mich nicht geduscht, Haare nicht gewaschen, dreckige Sachen weiter benutzt, ekliges Essen gegessen, also wie ein Steinzeitmensch gelebt. Ansonsten sind die Leute entspannt und oft glücklich, sie sind auch in Feierlaune. Unbeschwert, sorgenfrei aber auch rücksichtslos« (Erinnerungsbericht 9: Martin R.).

Bezeichnungen wie »friedlich«, »entspannt« und »familiär« dominieren die Antworten. Das zwanglose Verhalten und die damit teils einhergehenden Ausschreitungen werden von den Befragten ebenfalls mit der Atmosphäre in Verbindung gebracht. Dass dabei auch oft an Grenzen gestoßen wird, impliziert die Antwort von Martin R.

In den Aussagen des Samples überwiegen aber die positiven Eindrücke dieses Auslebens. Jenes zwanglose Verhalten resultiert aus den atmosphärischen Eigenschaften des Raums. Da das Empfinden oder Spüren von Atmosphären einem Wahrnehmungsprozess unterliegt und das dementsprechende Agieren der Subjekte folglich als Reaktion dessen gesehen werden kann, ist von einer Wechselwirkung auszugehen. Diese hält die Atmosphäre im Raum aufrecht.

»In der Zusammenschau verschiedener Außenwirkungen entstehen, so möchte ich zuspitzen, spezifische Atmosphären, die dann aber, was für Wahrnehmungsprozesse allgemein gilt, aktiv aufgegriffen werden müssen. Atmosphären sind demnach die in der Wahrnehmung realisierte Außenwirkung sozialer Güter und Menschen in ihrer räumlichen (An)Ordnung. Das bedeutet, Atmosphären entstehen durch die Wahrnehmung von Wechselwirkungen zwischen Menschen oder/und aus der Außenwirkung sozialer Güter im Arrangement« (Löw 2001: 205).

Die Wahrnehmung dieser Wechselwirkungen wird sowohl in den Erinnerungsberichten, als auch in den Interviews beschrieben. Ich möchte hier auf die Wechselwirkung zwischen den Menschen eingehen. Die zahlenden Besucher wollen unterhalten werden, das heißt, dass sie im Zentrum der Aufmerksamkeit der Veranstalter stehen. Diese können für die Produktion einer Atmosphäre durch ästhetische Arbeit eine Vorlage liefern. Die in der Wahrnehmung realisierte Außenwirkung von sozialen Gütern und Menschen obliegt jedoch dem Empfinden des Individuums. Das Gefühl der Gemeinschaft, das bei den Besuchern ausgelöst wird, gründet zum einen auf den Konventionen der Szene, die hier mittels Design und Architektur symbolische und physisch-materielle Umsetzungen finden, zum anderen auf dem Verhalten aller Beteiligten. Das W.O.A., so Thomas Jensen, kann als »große Zusammenkunft« der Szene beschrieben werden. Mit eben dieser Einstellung gehen viele Heavy Metal-Fans zum Festival. Die Atmosphäre wird bereits vorab über Diskurse bzw. deren Medien propagiert, sei es durch Szenepublikationen oder die Kommunikation unter den Fans. Die Konstruktion der Atmosphäre beginnt also bereits vor dem Zeitraum des Festivals. Die Besucher knüpfen daran an und realisieren diese Vorgaben im Raum. Obgleich unter den Besuchergruppen, nicht immer Einigkeit herrscht, so gibt es dennoch einen Konsens über die grundlegende Bedeutung des Festivals für die Heavy Metal-Kultur. Das Festival bekommt aufgrund seiner starken Präsenz in den Medien auch eine Repräsentationsfunktion für die Szene zugewiesen, an der die Besuchergruppen, indem sie die »typische« Atmosphäre von *Wacken* entfalten, mitarbeiten.

Eine Beschreibung, die in Zusammenhang mit der Atmosphäre von *Wacken* genannt wurde, soll hier näher betrachtet werden. Auf meine Frage zur Atmosphäre antwortete Eike P. :

> »Es ist fast ein bisschen peinlich, das so zu umschreiben, aber: Urlaub. Man ist aus eigenem Willen dort, man macht das, was man gerne tut, meistens bei gutem bis sehr gutem Wetter, ist mit Freunden unterwegs und bekommt dazu noch Musik, die man zum größten Teil irgendwie mag um die Ohren gehauen ... und das live. Allerdings war diese lockere und ausgelassene Atmosphäre bei meinem letzten Besuch etwas gespannter, da sich meine Einstellung und das mich umgebende Publikum geändert hatten« (Erinnerungsbericht 3: Eike P.).

Die Bezeichnung der Atmosphäre *Wackens* als Urlaub ist insofern sehr treffend, weil es Konnotationen wie »entspannt« gut summiert und weil es für viele Besucher tatsächlich bedeutet, dass sie Urlaubstage investieren.

In Kapitel 5.2. habe ich die Bedeutung von Authentizität in der Heavy Metal-Szene thematisiert. Sandra Scherreiks befasste sich mit der Konstruktion von Authentizität in Urlaubs- und Naturparks, wie etwa Centerparks. Dabei beschreibt sie das Bedürfnis bei den Touristen, ein Gefühl von Authentizität im Urlaub zu verspüren, welches kompensatorisch für den Verlust der individuellen wie gesellschaftlichen Authentizität im Alltag wirkt (Scherreiks 2005: 25). *Wacken* kann als vermeintliches »Metal Mekka« ebenfalls als kompensatorischer Urlaubsort betrachtet werden. Im Gegensatz zu Festivals, wie beispielsweise »Rock am Ring«, wirkt das W.O.A. bezogen auf die Heavy Metal-Kultur wesentlich authentischer, da es seine Bands ausschließlich aus diesem Genre rekrutiert und seine ganze Inszenierung nur dieser Subkultur gewidmet ist.

An der Konstruktion einer Atmosphäre sind auch die Dorfbewohner beteiligt, die mit ihrer Integration in das Festival das übliche Besucherbild einer genrespezifischen Veranstaltung aufbrechen. Auf die Frage, in welcher Hinsicht sich das W.O.A. von anderen Festivals unterscheidet, antwortete J. Vosgerau:

> »Auf jeden Fall ist die Stimmung, zumindest zu den meisten, entspannter. Die Leute sind einfach geiler drauf. Ich weiß nicht woran das genau liegt. Vielleicht hat das auch wirklich was mit diesem Wacken-Spirit zu tun. Dass das Dorf halt direkt mitmacht, ist schon ein wichtiger Einfluss, denn das hab ich noch nie bei einem anderen Festival erlebt, dass der ganze Ort da eigentlich am mitfeiern ist und da ihre Stände aufbauen und alles. Vielleicht hilft das auch dazu bei, dass sie da eben ... dieser Generationsunterschied so völlig anders ist und auch aus ganz anderen Szenen, wenn man so will. Also die Metaller kommen da in dieses Dorf von Bauern und vielleicht ist das, dass die Bauern mit ihrer lockeren Art und überhaupt die Bevölkerung, wie sie die Leute da aufnimmt, dass das einfach schon einen großen Beitrag dazu hat, dass das wirklich so friedlich ist« (Vosgerau, 9:10-9:52).

Die Bewohner des Dorfes sind maßgeblich für die Atmosphäre im Dorf verantwortlich. Hier trifft die angestammte auf die eingebrachte Kultur, was dem W.O.A. eine Dimension hinzufügt, die andere Festivals, wegen fehlender Anbindung zu den Gemeinden des Veranstaltungsortes, nicht aufweisen können. Man könnte sagen, dass unterschiedliche Menschen auch unterschiedliche Atmosphären entstehen lassen. Da die Dorfbewohner nicht zum eigentlichen Klientel der Heavy Metal-Szene gehören, bringen sie andere Diskurse mit in den Raum des Festivals ein. Dadurch, dass sich ein ganz anderes Klientel in den Raum integriert, können Syntheseprozesse ausgelöst werden, die sonst nicht stattfinden würden. So ergibt sich ein Teil der besonderen Atmosphäre *Wackens* aus den wechselseitigen Beziehungen der Gruppen im Raum und deren Interaktionen.

6.2 Musik und Klang

Für die Atmosphäre *Wackens* ist natürlich die Musik und das damit einhergehende auditive Erlebnis ganz entscheidend. Sie kann im Sinne Löws als eine Außenwirkung verstanden werden, die eine Komponente der Atmosphäre ist. Elisabeth Strökers Konzept des *gestimmten Raumes* fokussiert sogar Ton und Klang als »raumbestimmende Macht« (Ströker 1965: 28). Der Ton sei, im Gegensatz zu Farbe und Formen, nicht fest an den Raum gebunden, sondern vermöge auch jenseits seiner Grenzen zu wirken.

> »Der Ton dagegen hat ein von seiner Quelle losgelöstes Dasein, er wird gerade zum Ton erst dadurch, daß er dieser Loslösung fähig ist. In der Musik gelangt dieser Sachverhalt vollendet zur Gegebenheit« (Ströker 1965: 29).

Die Bedeutung, die der Musik von den Besuchern beigemessen wird, variiert, aber sie ist stets Teil der Raumkonstitution. Die Ausrichtung der Bühnen und die damit einhergehenden technischen Einstellungen, die nötig sind, um den Klang bestmöglich zu transportieren, geben außerdem den Rahmen für den Aufbau des Festivalgeländes vor. Den Bühnen kommt für die Entfaltung einer Atmosphäre eine wesentliche Bedeutung zu. Sie sind der Ort für die performative Praxis der Künstler. Sieht man zunächst einmal von der von ihnen dargebotenen Musik ab, so sind auch ihre *Performances* relevant für das Gefühl vor den Bühnen. Die performative Praxis der Künstler bzw. deren *Performances* kann mit Aufführungen, wie sie im Theater stattfinden, verglichen werden.

> »In ihrem Verlauf wird nicht etwas hergestellt, das nach ihrem Abschluss als materielles Resultat zurückbleiben würde. Sie gehen vielmehr restlos im Prozess des Aufführens auf. Ihre Materialität, d. h. ihre je spezifische Körperlichkeit, Räumlichkeit, Lautlichkeit wird performativ hervorgebracht. Sie entsteht aus dem Zusammenspiel der sich im Raum bewe-

genden, sprechenden oder auch singenden und Objekte manipulierenden Akteure (zu denen zeitweilig auch einzelne oder alle Zuschauer hinzugerechnet werden können) untereinander bzw. mit Objekten im Raum, Lauten und Lichtbewegungen« (Fischer-Lichte 2003: 98).

Die Künstler produzieren kulturelle Objektivationen. Nicht nur ihre Musik, sondern auch die Verkörperungen des mit ihr einhergehenden Lebensstils sind ein Muster für das Publikum. Ihre Darbietungen können Aspekte der Szenekonvention beeinflussen bzw. diese zum Ausdruck bringen, da sie als Künstler über die Inhalte der Subkultur mitbestimmen. Die Bedeutung von Musik in der Lebenswelt fassen Lundberg, Malm und Ronström treffend zusammen:

> »The enormous range of forms, styles and genres has made it possible to express fine nuances in the definition of aesthetic and affective values, social situations and status, and various identities. Another important aspect in this context is that the performance of music is an activity that can be charged with many, and perhaps widely differing, types of messages, opinions and meanings at one and the same time« (Lundberg et. al. 2003: 16).

Musik nur als Beitrag zu einer Atmosphäre zu verstehen, scheint reduktionistisch zu sein. Speziell in *Wacken* geht aber alles mit ihr einher, da sie der Grund für die Existenz des Festivals ist. Als Form von Klang ist sie weder sicht- noch greifbar, übt doch offensichtlich eine starke Wirkung auf die Menschen aus. Diese Wirkung wird bei einem Festival auf dessen Raum ausgerichtet und zum Thema gemacht. Die Musik findet hier ihre Manifestation in sozialen Gütern und Strukturen. Heavy Metal ist nicht nur ein musikalisches, sondern auch ein kulturelles Genre. Das W.O.A. erfüllt in dieser Hinsicht eine Funktion: Es stellt Kultur her.

> »Museen und Ausstellungen sind also, ebenso wie Festivals und vergleichbare Bühnendarbietungen Repräsentationsformen, die sich als jeweils spezifische Genres historisch konventionalisiert haben. Sie bilden

Kultur nicht mimetisch ab, sondern stellen sie in einem genrespezifischen Konstruktionsprozess her« (Welz 1996: 84f.).

Die Musikrichtung Heavy Metal divergiert klanglich stark von anderen Strömungen moderner Popkultur. Die Instrumentierung der Bands besteht meist aus Bass, Schlagzeug, ein bis zwei Gitarren und dem Gesang. In dieser Besetzung spielen und komponieren die Bands ihre Stücke. Bezeichnend für Heavy Metal sind die verzerrten Gitarren und der oftmals gutturale Gesang. Während Musikrichtungen wie beispielsweise Blues einen affektiv beruhigenden Charakter haben, auch wenn die gesungenen Texte dazu oft im Kontrast stehen, wirkt Heavy Metal genau umgekehrt. Die Lautstärke von Heavy Metal-Konzerten ist in der Regel sehr hoch, um die aggressive Stimmung der Musik zu transportieren. Christa Brüstle beschreibt Klang als performative Prägung von Räumlichkeiten. Demnach ist Klang eine Aktion mit spezifischer Wirkung.

>»Die gegenseitige Prägung von Raum und Klang (im Akt des Geschehens) impliziert die Erfahrung bestimmter Eigenschaften eines Raumes, die gewissermaßen als Konstanten und Varianten in die individuelle Empfindung von Räumlichkeit eingehen« (Brüstle 2009: 115).

Es entsteht ein *gestimmter Raum*. Nach Ströker ist dieser immer auch Ausdrucksgestalt (Ströker 1965: 31). Der Leib zeige sich

>»im gestimmten Raum als eine qualitative Ganzheit. Seine Bewegungen vollziehen sich nach ästhetischen Valeurs wie Anmut, Grazie oder Harmonie. Gestimmte Räume durchschreitet man. Oder tanzt in ihnen« (Paetzold 1990: 29).

Klang hat eine affektive und emotionale Dimension, die räumliche Erfahrungen verstärken kann. Zudem können durch Klänge Körperbewegungen ausgelöst oder motiviert werden. Ströker interpretiert den Tanz als Paradigma der Ausdrucksbewegung. Er ist daher die dem gestimmten Raum angemessenste Form der Bewegung (Ströker 1965:

41). Die authentischste Form, sich in der Heavy Metal-Kultur zur Musik zu bewegen, ist das *Headbangen*. Dies kann ebenso als eine symbolische Handlung betrachtet werden, wie das Zeigen der »Devil Horns«. Dabei nicken die Zuhörer zum Rhythmus der Musik mit dem Kopf und schwingen dazu ihre meist langen Haare. Umgangssprachlich kann man sagen, dass *Headbangen* als »cool« gilt und deshalb eine performative Praxis ist, die das symbolische Kapital der Personen zum Ausdruck bringt. Als solches ist die Musik mitverantwortlich für die Bewegungen im Raum und hat dadurch eine wesentliche Funktion für das Spacing.

Die atmosphärische Wirkung von Heavy Metal-Musik ist im Raum *Wacken* gut zu beobachten. Vor den Bühnen zeigt sich das oft zitierte Gemeinschaftsgefühl. Zur Musik der diversen Bands erheben sich überall die Arme und das *Headbangen* setzt bei vielen Besuchern ein. In den vordersten Reihen wird auch sehr oft *Pogo* getanzt. *Pogo* bezeichnet das Springen und Aneinanderstoßen zur Musik. Dabei gibt es keine festgelegte Schrittreihenfolge. *Pogo* ist eine impulsive Ausdrucksform, die die aggressive Stimmung der Musik direkt übernimmt und in Körperbewegungen umsetzt. Des Weiteren ist das lautstarke Mitsingen von Liedern ebenfalls eine häufig zu sehende Reaktion der Besucher. Bei den populärsten Bands entsteht dabei oftmals, durch die reine Masse an singenden Menschen, eine Lautstärke, die den Klang von der Bühne übertrifft. Solche kollektiven Handlungen, die alle durch den Klang der Musik initiiert werden, sind Teil der Atmosphäre *Wackens*.

>»Die auditiven Eindrücke, die von der Menge, bzw. dem Publikum ausgehen, sind auch einzigartig. Laut Erfahrungen anderer Leute und meiner selbst, werden Riffs und Gesangspassagen in Wacken besonders lautstark mitgesungen. Die Band hat eine große Macht und kann mit der großen Meute so ziemlich alles veranstalten« (Erinnerungsbericht 10: Michael V.).

Es entsteht eine Wechselwirkung zwischen Musikern und Publikum, indem die von den Bands produzierten Klänge von den Zuhörern aufgenommen und auf affektive, emotionale und physisch-materielle Weise (Bewegung des Körpers) umgesetzt werden, wodurch Musiker, Musik und Rezipienten zu einem gemeinsamen Raum synthetisieren. Folglich sind die atmosphärischen Eigenschaften im Raum *Wacken* nicht gleich verteilt, da jene Interaktion zwischen Künstlern und Publikum in dieser Form nur vor den Bühnen stattfindet. Auf dem Campinggelände bietet sich eine ganz andere Klangkulisse, die aber ebenfalls von Musik dominiert ist. Neben lauten Unterhaltungen hört man stets Musik aus mitgebrachten Radios oder Musikanlagen, die die Lieblingsmusik der jeweiligen Besucher über die Wiesen schallen lassen. Hier wirkt die Musik auch wieder verstärkt als Distinktionsmittel. Da die Besucher meist in Gruppen zum Festival anreisen und sich entsprechend auch als Gruppe auf den Campingplätzen einrichten, signalisieren die Klänge bestimmter Genres und Subgenres Zugehörigkeiten. So wird beispielsweise die Musik der Band »Böhse Onkelz« wegen der Vergangenheit der Band oft mit einem rechten Klientel in Verbindung gebracht. Die Gruppen, die solche Musik in ihren Campingbereichen spielen, werden daher möglicherweise von anderen gemieden oder mit Skepsis betrachtet. Andererseits kann die Musikwahl in den Camps auch zu Solidarisierungen führen. Wenn Personen einen musikalischen Geschmack teilen bzw. Fans derselben Band sind, ergeben sich daraus schnell Sympathien und erste Gespräche. Hier zeigen sich sehr deutlich die inkludierenden und exkludierenden Eigenschaften von Musik.

7 Bewegung

In diesem Kapitel sollen nun die Bewegungen und Interaktionen der Subjekte und sozialen Güter aufgezeigt werden. Das Modell von Löw findet hier seine Anwendung. Bevor die Spacing- und Syntheseprozesse ermittelt werden, muss die Interaktion der Subjekte im Raum näher betrachtet werden, da sich aus ihnen die für das Spacing entscheidenden (An)Ordnungen ergeben. Dafür beziehe ich mich auf die Theorie von Erving Goffman. In seinem Werk »Interaktion im öffentlichen Raum« (Goffman 2009) zeigt er Verhaltens- und Handlungsmuster von Menschen in öffentlichen Räumen auf. Zwar handelt es sich beim W.O.A. aufgrund des kontrollierten Zugangs nicht um einen öffentlichen Raum im alltäglichen Sinne (z. B. Fußgängerzone, Marktplatz, Campus), wohl aber von seinen sozialen Eigenschaften her. Damit meine ich die in ihm vorhandenen Möglichkeiten zur Kommunikation und Interaktion.

Abschließend möchte ich auf die Bewegungen in elektronischen Netzwerken zu sprechen kommen.

7.1 Hodologischer Raum

Der Begriff des hodologischen Raumes wurde insbesondere von Otto Friedrich Bollnow geprägt. Er entwickelte ihn ausgehend von den Theorien Karl Lewins und Jean-Paul Sartres weiter. Lewin, der diese Formulierung erstmalig gebraucht hatte, verstand darunter einen Raum, der durch Wege erschlossen wird.[21] Diesen stellte er dem mathematischen Raum entgegen. Während in ihm ein Weg als eine direkte Linie zwischen zwei Koordinaten dargestellt wird, verhält sich der Weg im hodologischen Raum abhängig von seinem Ziel und sei-

---

[21] Der Begriff leitet sich aus dem griechischen Wort Hodos (Pfad) ab und bezeichnet zu Deutsch einen Wegeraum.

ner Beschaffenheit im erlebten Raum (Bollnow 1963: 195f.). Bollnow macht dies an einem Weg zu einem anliegenden Nachbarhaus deutlich. Mathematisch gesehen ist der Weg nur eine kurze Gerade, aber in der Realität ist dieser Weg nicht möglich, da die beiden Häuser durch eine Wand voneinander getrennt sind. Der hodologische Weg würde nun also aus dem eigenen Haus hinaus, auf das Grundstück des Nachbarn, vor dessen Tür führen, wo dann zunächst um Einlass gebeten werden müsste (Bollnow 1963: 192).

>Der hodologische Raum beschreibt das System der Wege, auf denen ich einzelne Stellen im Raum erreichen kann. Er ist so mit einem Netz von Kraftlinien vergleichbar, die diesen Raum durchströmen. Aber auch im physikalischen Sinn sind ja die Kraftlinien auf Ladungen oder Massen bezogen, von denen sie ausgehen. So sind auch im erlebten Raum die Wege mit ihren Richtungen bezogen auf die Ziele, zu denen sie hinführen. Jeder Weg ist der Weg zu etwas, und erst durch diesen Bezug ist er ein Weg« (Bollnow 1963: 203).

Mit diesem Konzept möchte ich ein System der Wege in *Wacken* zeichnen. So entsteht eine Skizze, mit der die (An)Ordnungen im Raum besser nachvollzogen werden können. Dieser Wegeraum beschreibt nicht eine objektiv räumliche Lage, »sondern das von innen her entworfene Verhältnis zur Welt« (Bollnow 1963: 203). Um einige solcher hodologischen Wege aufzuzeigen, beziehe ich mich auf die Beschreibungen aus den Erinnerungsberichten. Die darin geschilderten Wege und Bewegungen bilden ein System, das Ausdruck räumlicher und zugleich sozialer Verortung ist (Rolshoven 2003: 202). An einigen Beispielen soll gezeigt werden, wie man sich *Wacken* als hodologischen Raum vorstellen kann.

>Mein Bewegungsradius auf dem Festival-Gelände hat sich durch den längeren Weg zu den Bühnen, die für mich den Kern des Festivals ausmachten, und dadurch, dass auf dem Campinggelände noch mehr Freunde verstreut gelagert haben, im Vergleich zum Vorjahr stark ver-

größert. Ich habe wesentlich mehr und längere Wege zurückgelegt. Während ich 2005 nur zwei Fixpunkte, unser Camp und das Stagegelände, hatte, kamen 2006 noch 2 bis 3 Camps von Freunden von mir hinzu« (Erinnerungsbericht 11: Arne G.).

Die Bühnenvorplätze sind in der Regel das Ziel der meisten Wege. Je nach Lage des zugeteilten Campingbereichs variiert die Distanz. Die angelegten Pfade von den Campingplätzen zum zentralen Festivalgelände sind die vorrangigen »Kraftlinien«. Es ist aber ebenso möglich, den Wegen nicht zu folgen und quer über die Campingplätze zu laufen. Dies geschieht insbesondere dann, wenn man, wie Arne G. hier anmerkt, noch Freunde besuchen möchte, die auf anderen Flächen campen. So ergeben sich durch das Einsammeln von Gefährten oftmals ganz andere Wege, die jenseits der vorgefertigten Pfade liegen. Es offenbart sich ein breites, unkoordiniertes Netz von Wegen zwischen Bühnenvorplätzen und Campingbereich. In *Wacken* ist man meist in einem Kollektiv unterwegs. Dadurch werden die Wege auch anders erlebt. Die sinnliche Erfahrung eines Weges im Kollektiv kann sich stark von der eines einzelnen Individuums unterscheiden. Im Kollektiv ist man weniger flexibel und neigt eher dazu, sich miteinander zu unterhalten. So können die direkten Wege, also jene, die nicht entlang der vorgefertigten Pfade führen, in größeren Gruppen kaum beschritten werden. Außerdem wirkt ein langer Weg gemeinsam oft kürzer.

Der Weg zu den Bühnen kann zeitintensiv und mühsam sein.

> »Ist man beispielsweise sehr weit weg vom eigentlichen Gelände, so verbringt man dort den Großteil der Zeit und überlegt sich zweimal, ob man zur nächsten Band geht oder es sein lässt« (Erinnerungsbericht 12: Fynn S.).

Die Bühnenvorplätze sind das primäre Ziel der Besucherbewegungen in *Wacken*. Die Beschwerlichkeit eines Weges ist auch Teil der hodologischen Raumkonzeption. Das Erleben eines Weges ist nicht gleichzusetzen mit seiner Distanz. Das bedeutet, dass ein Weg, der rein geographisch sehr kurz ist und daher als der bequemste erscheint, sehr wohl als lang empfunden werden kann, je nachdem, welche Faktoren sozialer und/oder physisch-materieller Art auf das Subjekt einwirken.

»Auf dem Weg ergeben sich dann wieder spontan neue Ideen, man trifft irgendjemanden oder entschließt sich, erstmal irgendwo am Rande ein wenig auszuruhen (der Biergarten ist auch immer einen Besuch wert, hier sitzen hauptsächlich ausländische Besucher, mit denen die Gespräche meistens äußerst amüsant verlaufen)« (Erinnerungsbericht 5: Christoph H.).

Verstärkter Alkoholkonsum ist ebenfalls ein Faktor, der das Erleben eines Weges verändert. Alkohol oder andere Drogen wirken sich bekanntlich auf die Wahrnehmung aus, so dass ein Weg, je nach Wirkung der Substanz, ganz anders empfunden wird als im nüchternen Zustand.

Der hodologische Raum *Wacken* muss natürlich auch die Wege in das Dorf einbeziehen, da es während des Festivalzeitraums nicht vom eigentlichen Festival zu trennen ist. Es ist nach den Bühnenvorplätzen der nächste Hauptzielort. Die Bühnenvorplätze und das Dorf sind die beiden Punkte, die von den jeweiligen Campingbereichen aus am häufigsten besucht werden. Das Dorf eröffnet sich entlang der Hauptstraße und ist deshalb ein Teil des Weges. Das Wegesystem des hodologischen Raumes findet sich hier ebenso wieder, allerdings ist durch die vorgegebene Infrastruktur des Dorfes die Auswahl an Wegen eingeschränkter. Zäune und Absperrungen erlauben es hier kaum, andere Wege einzuschlagen. Während die tendenzielle Offenheit des Festivalgeländes einen größeren Spielraum für Raumaneignungen bietet und damit auch mehr Wege ermöglicht, wird man auf dem Weg zum Dorf eher gelenkt. Die verschiedenen Faktoren, die das Empfinden und Erleben des Weges beeinflussen, behalten aber auch hier ihre Gültigkeit.

7.2 Interaktion

Das Festival kann im Sinne Goffmans als soziale Veranstaltung bezeichnet werden. Es begründet die Zusammenkunft der Menschen im Raum. Für die Besucher dient es als vergnüglicher Selbstzweck, da sie freiwillig und zum reinen Vergnügen daran partizipieren (Goffman 2009: 35). Im Bereich der Bühnen findet eine zentrierte Interaktion statt, indem die dort versammelten Personen ihre Aufmerksamkeit auf das Geschehen auf den Bühnen richten (Goffman 2009: 40). Dies lässt sich gut auf Foto 10 erkennen. Die Bühnen werden dabei meist zusätzlich mit Effekten in Szene gesetzt. Außerdem sind Videoleinwände an ihren Seiten und in der Nähe des Metalmarkets befestigt, die die Darbietungen der Künstler zeigen und somit das Hauptaugenmerk innerhalb des zentralen Festivalgeländes stets auf die Bühnen lenken. Die Beziehungen der Künstler zum Publikum werden in der Aussage von Michael V. als sehr dominant beschrieben (Kap. 6.2). Die Bands üben eine große Macht auf das Publikum und damit auf den von ihnen und dem Publikum synthetisierten Raum aus. Dies zeigt sich unter anderem in den Aufrufen der Künstler, gewisse Textzeilen der Songs mitzusingen oder bestimmte Bewegungen zu vollziehen. Diesen Forderungen wird in der Regel nachgegangen, es sei denn, eine Band kommt bei dem Publikum nicht gut an.

In *Wacken* herrscht ein spezifischer »Interaktionstonus« (Goffman 2009: 40f.). Goffman beschreibt damit das kontrollierte Verhalten in einer Situation: die Gestimmtheit einer Interaktion, die ihren Fortbestand regelt. Im Alltag zeige sich diese unter anderem in den Anstandsregeln. Goffman spricht hier auch vom »im Spiel bleiben« und »Präsenz« zeigen. Hierzu müssen die Interaktionsformen und -muster von allen Beteiligten anerkannt werden. In *Wacken* realisiert sich der Interaktionstonus zunächst in den semiotischen Strategien der Besuchergruppen hinsichtlich Kleidung, Frisur, Körperschmuck etc., sowie den symbolischen Gesten, wie den »Devil Horns«. Der besondere In-

teraktionstonus in *Wacken* wird auch am zwanglosen Verhalten der
Teilnehmer deutlich, so etwa in Grenzüberschreitungen wie öffentli-
cher Nacktheit oder einem Schlammbad, was von den meisten Besuchern als unterhaltsam empfunden wird. Beim Ausleben dieses
zwanglosen Verhaltens gehen viele Besucher sehr kreativ vor, indem
sie beispielsweise Kostüme aus unterschiedlichen Utensilien zusam-
mensetzen (siehe Foto 11). Die alltäglichen Anstandsregeln werden
hier durch expressive Formen des Feierns ersetzt. Dabei konkurrieren
einige Besucher regelrecht um die Aufmerksamkeit der Vorüberge-
henden. Hier ist die Metapher des »im Spiel Bleibens« sehr treffend,
denn das Ausleben des in *Wacken* vermittelten Freiheitsgefühls, welches in vielen Erinnerungsberichten beschrieben wurde, wird hier ze-
lebriert und zur Repräsentationsform erhoben.

»Dabei fehlte es an jeglichen Hemmungen. Sich übergebende Menschen
kannte man natürlich von den Parties daheim. In Wacken sollte man nun
allerdings eine neue Quantität erfahren. Hinzu kamen nackte oder ver-
kleidete Menschen, vielerorts Defäkierende, sogar öffentliche Masturba-
tion bei offenbar völlig schamfreien Gestalten. Für uns war dies gelunge-
ne Unterhaltung. Irgendwie schien in Wacken oder unter Metalfans eine andere Ästhetik oder Feierkultur zu herrschen, als auf unseren ge-
wöhnlichen Parties. So neu dies alles auch war, es sollte uns nicht ab-
schrecken. Man hatte durch das alles in gewisser Weise ein Gefühl der
Gemeinschaft. Hier kann ich alles tun und lassen, was ich will und nie-
manden interessiert es. Vielmehr fahren alle tierisch darauf ab, dem
Ganzen immer noch eine Krone aufzusetzen, die Messlatte immer höher
zu legen« (Erinnerungsbericht 1: Jan H.).

Die hier geschilderten Eindrücke von Jan H. sind nicht als Maßstab
für das Verhalten im gesamten Raum zu bewerten, sie lassen aber darauf schließen, dass es einen unausgesprochenen Konsens über bestimmte Verhaltensregeln gibt. Expressives und hemmungsloses Feiern
ist erlaubt und erwünscht, aber sobald Anzeichen von Gewalt oder
Nötigung wahrgenommen werden, greifen Besucher und/oder Ord-

nungskräfte ein, um dem entgegenzuwirken. Sowohl von den Veranstaltern, als auch von den Besuchern wird gewalttätiges Handeln nicht toleriert. Der Ruf, eines der friedlichsten Festivals dieser Größenordnung zu sein, wird von beiden Parteien aufrechterhalten. Weil sich dieses Image auch in dem Ansehen der gesamten Heavy Metal-Szene reflektiert, besteht ein gemeinsames Interesse daran. Auf die Frage, wie er das Aufeinandertreffen der verschiedenen Personengruppen wahrgenommen hat, kommt Uwe Trede auf das friedliche Verhalten der Besucher zu sprechen: »(...) aber von den Fremden noch wirklich in 20 Jahren keine Schlägereien. Die kommen aus der ganzen Welt. Die kommen nicht her um hier Streit zu machen« (Trede (14:58-15:07).

Ein spezifischer Interaktionstonus äußert sich auch im Verhalten vor den Bühnen. Bei den Bewegungen im Publikum kann es häufiger zu Stürzen kommen. In diesen Momenten zeigt sich die Solidarität unter den Heavy Metal-Fans. Martin N. erinnert sich: »Auch auf den Konzerten war das Gemeinschaftsgefühl der Festivalbesucher sehr groß, wenn z. B. jemand stürzte, wurde der Person sofort wieder hoch geholfen« (Erinnerungsbericht 16: Martin N.). Gerade bei den Live Auf tritten ist ein weitgehend rücksichtsvolles Verhalten zu beobachten. Man achtet auch beim *Pogo* darauf, keinen zu verletzen, obwohl diese Ausdrucksform, von außen betrachtet, recht wild und bisweilen gewalttätig anmuten kann.

Die Einheimischen teilen nicht den Interaktionstonus der Heavy Metal-Fans. Deshalb verhalten sich die zahlenden Besucher ihnen gegenüber gemäß konventioneller Anstandsregeln. Zugleich werden aber die habituellen Unterschiede sowohl von den Besuchern als auch von den Dorfbewohnern berücksichtigt, was einen harmonischen Ablauf des Festivals ermöglicht. Herr Brandt erzählt von seinen Erfahrungen mit dem Verhalten der Festivalbesuchern. Am Beispiel des Einkaufens spricht er über die Höflichkeit der Besucher. »Ja, aber, auch wenn man

in den Laden kommt und die sehen man hat ein, zwei Teile: ›Bitte,
gehen sie vor‹. Ja. Die sind alle nett und höflich« (Brandt
31:05-31:20). Die Interaktionen von Besuchern und Einheimischen
werden auch in den Dokumentationen und Fernsehbeiträgen bevor-
zugt dargestellt. Das Verhältnis zwischen Einheimischen und Heavy
Metal-Fans scheint einen besonderen Reiz des Raumes *Wackens* auszumachen und ist Teil seiner Atmosphäre.
Eine wichtige Grundlage für das Funktionieren dieses Verhältnisses
ist Vertrauen. Dieses hat sich über die nun mehr als 20-jährige Geschichte des W.O.A. aufgebaut und verfestigt. Vertrauen kann als eine
Form des symbolischen Kapitals verstanden werden. In ihm drückt
sich auch die Anerkennung, die eine Person der anderen entgegen-
bringt, aus. In »Entwurf einer Theorie der Praxis« bezeichnete Pierre
Bourdieu das symbolische Kapital in der kabylischen Gesellschaft als
einen »Kredit an Vertrauen« (Bourdieu 1976: 352). Ich möchte diese
Bedeutung hier für das Verhältnis zwischen Dorfbewohnern und Festivalbesuchern übernehmen. Herr Teske hat als Angestellter des Wackener Gasthofs viele Festivals erlebt und erzählte eine persönliche
Geschichte, die das Maß an Vertrauen, welches sich zwischen den
Gruppen etabliert zu haben scheint, exemplarisch darstellt.

»Ja, vor drei Jahren hat ich mal hier, am Sonntag morgen, wo es vorbei
war, saßen hier nebenan bei der Raiffeisenbank drei Leute, eben unter
30, so 25 bis 30, keiner kurzgeschoren, und dann ging ich hinten rum
rein, hier vorne war noch dicht und dann kommen die zu mir hin und
sagen, Mensch, ob ich wüsste wie die nach Itzehoe kommen könnten
ohne Geld. So nee, das ist schlecht, die haben kein Pfennig Geld dabei
gehabt. Ich sag: habt ihr keine Karte mit - Nee. Dann hab ich den drei,
die haben ne Bahnfahrt von Itzehoe nach Ostdeutschland irgendwo. Das
war ja vor dem Bezahlen. Und denn hab ich denen 10 Euro geliehen, pro
Person drei Euro, dass sie denn mit dem Bus dahin kommen. Und da
sagt einer, der da mit mir stand, so ein Einheimischer: Das Geld kriegst
du nicht wieder. Den hab ich einen guten Tag gemacht. Na, jedenfalls,

ich sag nächstes Jahr arbeite ich hier in der Gaststätte wieder, dann bringst du mir das Geld wieder. Und das Jahr darauf war hier grad ein Fernseh-Team und da wurde ich befragt, interviewt, da stand ich vorne und der Mann stand daneben. Konnte ich ja nicht wissen, dass der das war, den erkennst du ja nicht wieder, wenn du einmal mit dem geschnackt hast. Und dann war das Fernsehinterview vorbei, hatte ich gerade erzählt, dass die Leute alle ehrlich seien und da gab er mir 10 Euro: Vielen Dank für letztes Jahr« (Teske, 6:35-8:07).

Pierre Bourdieu bezieht den »Kredit an Vertrauen« auf das Ehrgefühl der Subjekte. Dieses bringt das Kapital an materieller und symbolischer Stärke zum Ausdruck (Bourdieu 1976: 353). Die Ehre gewährleistet den besagten Kredit, der dann im Handeln von und mit anderen Personen umgesetzt wird. Die Ehre und das daraus resultierende Vertrauen sind in diesem Sinne symbolische und soziale Güter. Die Heavy Metal-Fans haben als Gäste ein kollektives Ansehen, welches durch die Handlungen Einzelner geschwächt werden könnte.[22] Mit einem positiven kollektiven Ansehen gewinnen die Besucher bei den Einwohnern einen höheren »Kredit an Vertrauen«, der ihnen wiederum einen größeren Handlungsspielraum ermöglicht. Dies zeigt sich in der Realität zum Beispiel durch Hilfeleistungen, wie die von Herrn Teske. Dieses Maß an Vertrauen musste zunächst einmal erworben werden, damit die anfängliche Skepsis der Einheimischen gegenüber den Fremden wich.

»Zu Anfang waren, wie gesagt, auch mehr skeptisch. Was wollen die Langhaarigen? Und die sind alle schwarz gekleidet, aber das sind alle so ne liebe, nette Leute. Aus der ganzen Welt kommen die. Ich sag, wenn am Tisch ein Spanier sitzt, kannst das Portemonnaie da am Tisch liegen

---

[22] Ich möchte hier das kollektive Ansehen als Bezeichnung für das symbolische Kapital in Form eines kollektiven Ehrgefühls verwenden. Damit lassen sich die Interaktionen zwischen den Einheimischen und den Festivalbesuchern besser nachvollziehen.

lassen. Da geht keiner bei und da geht kein Glas hier kaputt bei uns.
Wenn dann machen wir das mal hinterm Tresen wegen der Hektik, aber
sonst passiert nichts« (Teske, 3:15-3:46).

Bourdieu beschreibt die durch Ehrgefühl motivierten Verhaltensweisen und deren Eigenschaften folgendermaßen:

> »So liegt demnach den Verhaltensweisen der Ehre ein Interesse zugrun-
> de, für das der Ökonomismus keinen Namen besitzt, und das mithin
> symbolisch genannt werden muß, obgleich ihm eigen ist, sehr direkte
> materielle Handlungen zu determinieren; und wie zuweilen bei Berufen
> wie Rechtsanwalt oder Arzt, die, wie es heißt, ›über jeden Verdacht erha-
> ben sein müssen‹, so hat auch in diesem Fall die Familie ein vitales Inte-
> resse daran, ihr Kapital an Ehre, d. h. ihren Kredit an Ehrenhaftigkeit,
> von jedem Verdacht reinzuhalten« (Bourdieu 1976: 353).

Auch die Gemeinschaft der Heavy Metal-Fans hat ein Interesse daran, sich »von jedem Verdacht reinzuhalten« um die Zukunft des Festivals zu sichern und die besondere Atmosphäre von *Wacken* zu erhalten.

7.3 Spacing und Syntheseprozesse

Den Verwandlungsprozess von Wacken zu *Wacken* darzustellen, setzt
voraus, Raum als bewegt zu verstehen. Das Festival löst eine Bewegung im Raum aus und verändert ihn dadurch. Die Bewegungen manifestieren sich schließlich in Form von (An)Ordnungen, welche dem
Raum eine Struktur verleihen. Mit Hilfe der Begriffe Spacing und
Syntheseleistung lässt sich die Entstehung und Struktur *Wackens* re-
konstruieren. Aus dem Spacing erschließt sich der Raum *Wacken* hinsichtlich seiner (An)Ordnungen. Letztgenannter Begriff soll hier noch
einmal näher erläutert werden.

> »Durch den Begriff der (An)Ordnung mit der hier gewählten Schreib-
> weise wird betont, daß Räumen sowohl eine Ordnungsdimension, die auf

gesellschaftliche Strukturen verweist, als auch eine Handlungsdimension, das heißt der Prozess des Anordnens, innewohnt« (Löw 2001: 103).

Der besagte Prozess des Anordnens findet über das Spacing statt, anhand dessen die relationalen Positionen der Subjekte und sozialen Güter ermittelt werden. Dafür ist es wichtig, die Bewegungen im Raum nachzuvollziehen. Nachdem eine Vorstellung vom hodologischen Raum in *Wacken* geschaffen und grundlegende Muster von Interaktionen und Verhaltensweisen betrachtet wurden, können die Positionierungen von Menschen und sozialen Gütern nun besser erfasst werden. Der Campingbereich ist für die Besucher der Wohnbereich. Hier werden Zelte und Lager aufgeschlagen. Darüber hinaus dienen sie für die Zeit des Festivals als Rückzugspunkt und Versammlungsort. Ein Großteil der Zeit wird in den Lagern verbracht. Der Campingbereich ballt all diese Lager zusammen und lässt unter ihnen Verknüpfungen entstehen.

»Dieser Aspekt der Raumkonstitution, die Syntheseleistung, ermöglicht es, daß Ensembles sozialer Güter und Menschen wie ein Element wahrgenommen, erinnert und abstrahiert werden, und dementsprechend als ein ›Baustein‹ in die Konstruktion von Raum einbezogen werden...« (Löw 2001: 159)

Mit den Syntheseleistungen werden also die Komponenten der Raumkonstitution in Wahrnehmungs-, Vorstellungs- oder Erinnerungsprozessen zu Räumen zusammengefasst (Löw 2001: 159). Im Campingbereich entsteht eine (An)Ordnung für sich, das bedeutet, dass hier ein Bereich entsteht, der an sich ein System aus Spacing und Syntheseleistungen darstellt. Ähnlich verhält es sich mit dem Dorf und dem Festivalgelände. Bei diesen drei Bereichen kann man von *Räumen im Raum* sprechen, da sie jeweils spezifische Funktionen übernehmen. Zusammen ergeben sie schließlich den hier untersuchten

Raum.[23] An einem Beispiel von Martin R. möchte ich auf diese Unterteilung zu sprechen kommen. Er misst Dorf und Festivalgelände, welches hier auch den Campingbereich umfasst, unterschiedliche räumliche Bedeutungen bei. Daraus lassen sich verschiedene Funktionen für die *Räume im Raum* interpretieren.

> »Also, wenn ich jetzt das Dorf und das Festivalgelände miteinander vergleiche, muss man sagen, dass das Dorf die ruhige Zone ist. Dort ist nicht jedermann besoffen, viele Leute versuchen, restliche Verpflegung aus den völlig überfüllten Läden zu ergattern und sind gestresst. Hier sind die Leute eher mit sich beschäftigt und nicht jedermann lässt seine ›Seele baumeln‹. Das Festivalgelände ist dagegen wieder die ›Spielzone‹, wo man verrückt sein darf« (Erinnerungsbericht 9: Martin R.).

Wie im vorigen Kapitel beschrieben, divergiert der Interaktionstonus im Dorf mit dem auf dem Festivalgelände, da im Dorf andere Akteure auftreten. Im Dorf selbst sind die Einkaufsmöglichkeiten der Hauptfaktor für die Positionierungen der Menschen. Die Hauptstraße ist in dieser Hinsicht eine große Einkaufsmeile, wobei hier die kleinen Stände und Imbisse der Anwohner weniger Andrang zu verzeichnen haben als die beiden Filialen des Supermarktes. Die Filialen am Ortsanfang sind Zielort für die meisten Personen, da hier Nahrungsmittel und Getränke günstiger erworben werden können als auf dem Festivalgelände. Die Fotos aus den überfüllten Supermärkten zeugen von diesem Andrang (siehe Foto 12a und b). Im Vergleich zum Festivalgelände und zum Campingbereich kann das Dorf als die ruhige Zone bezeichnet werden. Abgesehen von dem anderen Interaktionstonus ist hier auch die klangliche Dimension des Raumes weniger ausgeprägt, da von den Besuchern selten Musik gespielt wird und auch die Lautstärke der Konzerte nur gedämpft zu hören ist. Insofern gestaltet sich

---

23 Natürlich könnte man viele kleinere Bereiche in *Wacken* mittels dieser Begriffe als *Räume im Raum* ausmachen, aus argumentationslogischen Gründen wird hier jedoch eine weitere Differenzierung der *Räume im Raum* unterlassen.

das Spacing im Dorf vor allem über das Angebot an Waren. Die in manchen Vorgärten platzierten Tische und Bänke laden zum Verweilen ein, doch indiziert die Bewegung der Massen eine Fokussierung auf die Supermarktfilialen. Die Platzierung der sozialen Güter im Dorf ergibt sich zum einen aus der vorhandenen Infrastruktur, z. B. den Verkehrsschildern und den Grünanlagen, zum anderen aus den Planungen der Veranstalter und Anwohner. Letztere sorgen dafür, dass während des Festivalzeitraums das Dorf in »Form« gebracht wird, das heißt, dass sie durch ihre Platzierungspraxis die Vorgaben für das Spacing und die Syntheseleistungen der Besucher liefern.

Wie in Kapitel 7.2 beschrieben, findet vor den Bühnen eine zentrierte Interaktion statt. Die Menschen positionieren sich auf den Bühnenvorplätzen. Die größten Menschenansammlungen sind in *Wacken* vor den beiden Hauptbühnen auszumachen. Die Besucher richten sich zur Bühne aus, das heißt, ihre Positionen sind relational zu ihr. Künstler und Besucher synthetisieren hier mit der und durch die Musik zu einem Raum, der im Sinne einer Körperanalogie das Herz von *Wacken* ist. Er ist der primäre Versammlungsort. In ihm konzentrieren sich die Menschen im Vergleich zu den anderen beiden *Räumen im Raum* auf der geringsten Fläche. Die Musik als soziales Gut sorgt hier für die (An)Ordnung der Besucher. Sie breiten sich von den Bühnen ausgehend bis zum Vorplatz 1 aus. Die Sicherheitsschleusen markieren hier eine Grenze. Bei ihnen hört die zentrierte Interaktion weitgehend auf, da der Sichtkontakt zu den Bühnen sowie die klangliche Qualität ab hier nur noch teilweise gegeben sind und die Ordner die Bewegung der Besucher einschränken. Im Bereich vor den Sicherheitsschleusen finden wieder andere Spacing- und Syntheseprozesse statt. Auch dieser Raum ist Teil des zentralen Festivalgeländes und ich möchte ihn zum besseren Verständnis mit den Bühnenvorplätzen unter diesem Begriff zusammenfassen. Auch auf dem Vorplatz, der sich zu den Seiten hin in den Metalmarket und in den Biergarten erstreckt, sind Monitore aufgebaut, die das Geschehen auf der Bühne zeigen, so dass es auch hier allgegenwärtig ist. Allerdings findet hier die zentrierte Interaktion nicht in derselben Form wie vor den Bühnen statt, da sich die Festivalteilnehmer nicht ausschließlich auf die Monitore fokussieren. Dennoch ist die Aufmerksamkeit im Bereich des zentralen Festivalgeländes insgesamt primär auf die Bühnen gerichtet, denn mit dem Betreten dieses Bereichs rücken diese in den optischen Mittelpunkt.

Diese drei *Räume im Raum*, der Campingplatz, das Dorf und das zentrale Festivalgelände formen *Wacken*. Zwischen ihnen bewegen sich die Besucher und schaffen so Verknüpfungen. *Wacken* konstituiert sich mithin durch die Bewegungen der Besucher zwischen den drei Räumen.

> »Also ich bin meist ziemlich viel gegangen. Fast täglich einmal ins Dorf, mal weiter rein, mal weniger weit. Ich bin auch fast jeden Tag 3-4 mal zu den Bühnen und zurück. Dadurch, dass die Campingplätze immer größer werden, muss ich auch immer mehr laufen« (Erinnerungsbericht 13: Nils G.).

In der Tat verbringt man auf dem W.O.A. einen großen Teil der Zeit auf den Beinen. Die Wege in *Wacken* sind aber mehr als bloße Verbindungen zwischen diesen drei Räumen. Vielmehr sind sie Übergangs- und Zwischenräume (Rolshoven 2000: 110ff.).

> »Übergangsräume (entstehen) überall dort, wo sich etwas berührt. Aggregatzustände, Gegenstände, Elemente, Phänomene (auch etwa solche sozialer Natur). An den Gedanken des Übergangs läßt sich demnach ganz allgemein der Gedanke der Verbindung und der Kommunikation knüpfen« (Paul, zit. n. Rolshoven 2000: 110).

Unter einem Zwischenraum versteht man zunächst einen fixierten Raum zwischen zwei oder mehreren Räumen. Auch dieser kann in seiner Funktion ein Übergangsraum sein, er verweist jedoch nicht zwangsweise auf andere Räume. Rolshoven verbindet diese beiden Begriffe und erläutert ihre Kombination an einem Beispiel:

»In ihrer Ähnlichkeit differenzieren und nuancieren sich die beiden Begriffe gegenseitig, und können sich dadurch anreichern. Der Flüchtigkeit des Übergangsraumes kann die statische, immobile Dimension des Zwischenraums – als Nische des Unbemerkten? – entgegengesetzt werden: etwa im Bild der Brücke, die selbst Passage par excellence ist, aber unter sich, im Unterbrückenraum, Nischen beherbergt, zum Beispiel Wohnung für Obdachlose ist« (Rolshoven 2000: 112).

Wacken ist von Wegen durchzogen. Sie fangen direkt vor dem Zeltlager an. Indem die Campingbereiche von den Ordnern zugewiesen werden, entstehen Wege zwischen den verschiedenen Zeltplätzen. Die Ordner sind für das Spacing innerhalb des Raumes (des Campinggeländes) zuständig, weil sie dafür sorgen, dass räumliche Vorgaben umgesetzt und eingehalten werden. Die so konstruierten Wege dienen nicht nur Fahrzeugen, sondern auch allen Besuchern als Straßen. Folglich erzeugt die Struktur des Campingbereichs, der den größten Anteil der Fläche *Wackens* ausmacht, ein Netz aus Wegen. Diese Wege führen alle irgendwann auf die asphaltierte Straße, die das zentrale Festivalgelände vom Campinggelände trennt. Diese Straße bildet auch den Übergang zum zentralen Festivalgelände. Primär dienen die Straßen und Wege als Übergangsräume, zugleich finden hier aber auch Kommunikation und Prozesse der Raumaneignung statt, die diese Übergangsräume als Zwischenräume erscheinen lassen. So sieht man des Öfteren schlafende oder ruhende Personen am Wegesrand, oder man trifft Ansammlungen von Menschen an Kreuzungen, die miteinander reden und feiern. Obgleich die Bewegung auf den Wegen gerichtet ist und der Großteil der Besucher dieser Bewegung folgt, so können die Wege ebenfalls als Zwischenräume dienen, in denen sich Personen aufhalten und ihnen andere Funktionen einschreiben. Die Begegnungen auf den Wegen sind flüchtig. Die Kommunikation besteht meist nur aus kurzen Zurufen.

»Die Straße bedingt eine ganz eigene Form des menschlichen Umgangs. Auf der einen Seite gibt es eine selbstverständliche Kameradschaft der Straßenbenutzer. Man grüßt einander, wenn man aneinander vorbeigeht. Und doch bleibt die ganze Freundlichkeit und Rücksicht in einer gewissen Anonymität. ›Man fraget nicht nach seinem Schmerz‹. Es entsteht keine bleibende Verbundenheit, sondern man löst sich ebenso schnell, wie man sich gefunden hat« (Bollnow 1963: 109).

Die spezifische Form der Kommunikation lässt sich auch auf den Wegen von _Wacken_ wiederfinden. Die hier beschriebene Anonymität ist im Sinne eines flüchtigen Interesses zu verstehen, welches durch die räumlichen Eigenschaften der Straße bedingt ist. Jene Flüchtigkeit ist allerdings nicht nur auf die Wege beschränkt. Sie entsteht durch die großen Ansammlungen von Menschen und begründet auch das zwanglose Verhalten der Besucher. Ich möchte die Flüchtigkeit der Interaktionen und Kommunikation hier als ein Produkt der Spacing- und Syntheseprozesse bezeichnen. Die Position der Menschen verändert sich ständig. Es herrscht eine kontinuierliche Bewegung im Raum.

»Riesige Menschenmassen und trotzdem ständige Anonymität, man kann sich komplett anders verhalten und kaum jemand stört sich dran. Eine Tatsache, die auch sehr lustig sein kann. Ich kann nur wieder sagen, jeder, der auf Festivals geht, weiß das« (Erinnerungsbericht 9: Martin R.).

Dennoch wird von einer familiären Atmosphäre gesprochen. Anonymität und Gemeinschaftsgefühl scheinen sich in _Wacken_ nicht auszuschließen. Das W.O.A. ist zeitlich begrenzt, wodurch es sich schwierig gestaltet, langfristige Kontakte aufzubauen, da so viele Begegnungen in so kurzer Zeit ablaufen. Ein temporärer Raum trägt eine andere Bedeutung als ein fester Ort. Man kann in ihm nicht dauerhaft verweilen. In _Wacken_ wollen die Besucher innerhalb des Zeitraumes etwas erleben. Katharina S. schreibt in ihrem Erinnerungsbericht: »Der Plan war trotz Feierei und eigentlichem Verlust von Raum- und Zeitgefühl ziemlich straff. Man wollte ja bloß nichts verpassen und neue Bands kennenlernen« (Erinnerungsbericht 6: Katharina S.). Die Zeit ist ein Faktor für das Spacing. Da das W.O.A. nach einem strikten Zeitplan geregelt ist, um den Ablauf des Programms zu gewährleisten, müssen sich die Besucher darauf einstellen. Dies betrifft speziell die (An)Ordnungen vor den Bühnen. Die Bewegungen im Raum *Wacken* sind stark abhängig von dem aufgestellten Spielplan. Ich möchte dies beispielhaft an einem Abend während meines Aufenthalts auf dem W.O.A. 2009 erläutern.

Am Freitagabend spielte die Band »Heaven and Hell«, die als *Headliner* galten. Ich hatte die Sicherheitsschleusen passiert und stand etwas weiter entfernt von den Bühnen. In der halben Stunde vor Beginn des Auftritts der Band füllte sich das Festivalgeländer sehr schnell. Es bildete sich eine große Menschenansammlung vor der Bühne. Die Band wurde offensichtlich von vielen Fans erwartet. Mit dem Auftritt der Band bewegte sich das Publikum zur Bühne hin. Dadurch entstanden gänzlich andere Relationen im Raum. Die vielen Menschen vor der Bühnen verdichteten den Raum. Damit schrumpfte zugleich die Fläche, die jedem Einzelnen zur Verfügung stand, gleichzeitig steigerte sich aber auch das Potential für ein gemeinschaftliches Raumerlebnis. In diesem Moment entfaltete sich eine atmosphärische Wirkung, die auch stark von der zentrierten Interaktion zwischen Publikum und Band getragen war.

An diesem Beispiel wird die Bedeutung der Bewegungen von Menschen für einen Raum deutlich.

Die Konstitution des Raumes geschieht durch das praktische Bewusstsein der Menschen. »Sie haben ein Set von gewohnheitsbedingten Handlungen entwickelt, welches ihnen hilft, ihren Alltag zu gestalten« (Löw 2001: 161). Löw beschreibt die Entstehung räumlicher Strukturen durch repetitive Handlungen der Menschen. Damit will sie darauf hinweisen, dass sich Spacing und Syntheseleistungen erst durch die Wiederholung im Alltag manifestieren. Da es sich bei *Wacken* um einen temporären Raum handelt, kann man nicht von einem regulären Alltag sprechen. Dennoch haben sich auch hier repetitive Handlungen in den Raum eingelagert. So lässt sich bei denjenigen, die das Festival schon mehr als zweimal besucht haben, eine gewisse Routine im Umgang mit dem Festival ablesen.

»Normalerweise dauert der Weg zu den Bühnen so zwischen 10 und 15 Minuten. Diese Strecke wird, je nachdem wie viele Bands geguckt werden, häufiger oder seltener bestritten. Zwischen 5 und 10 Mal hin und her wird man täglich wahrscheinlich laufen« (Erinnerungsbericht 5: Christoph H.).

»Ich bin zum größten Teil immer den selben Weg gegangen. Das war der kürzeste Weg vom Camp zum Festivalgelände. Am ersten Tag geht man mit ein paar Leuten los und sucht den schnellsten Weg zum Gelände. Ab und zu nimmt man, mal gewollt, mal ungewollt, eine Abkürzung, die querfeldein abseits der Wege längs führt. Oder man hat einfach mal Lust auf Konversation und latscht ohne Plan durch die Zeltstadt um neue Leute oder Bekannte zu finden. Ein weiter angesagter Weg ist der, der einen morgens zum Frühstücken ins Dorf führt« (Erinnerungsbericht 12: Fynn S.).

Aus den Schilderungen von Fynn S. lassen sich repetitive Handlungsmuster herauslesen, die sich aus den mehrmaligen Besuchen des Festivals ergeben haben, so z. B. das Sondieren des Raumes am ersten Tag.

Der Begriff des Alltags soll hier trotz der zeitlichen Begrenzung des Raumes seine Anwendung finden. Ich verstehe den Alltag in Bezug auf *Wacken* als die in der Praxis realisierten Gewohnheiten, die die Besucher in der Zeit ihrer Anwesenheit entwickeln. Das heißt auch, dass sich die repetitiven Handlungen schnell bei denjenigen einstellen, die zum ersten Mal ein Festival besuchen. Da das W.O.A. über mehrere

Tage stattfindet, hat man auch beim ersten Besuch bereits nach einem
Tag meist einen Überblick über das Gelände gewonnen und weiß,
welche Wege wohin führen. Ich möchte hier auch auf die von mir he-
rausgestellten drei *Räume im Raum* hinweisen, die in der Aussage von
Fynn S. auftauchen. Diese drei Räume bestimmen die Bewegung der
Besucher in *Wacken*, wodurch gewisse Wege und Handlungen zur
Routine bzw. zu repetitiven Handlungen in *Wacken* werden.

> »Routinen sind konstitutiv sowohl für die kontinuierliche Reproduktion
> der Persönlichkeitsstrukturen der Akteure in ihrem Alltagshandeln, wie
> auch für die sozialen Institutionen; Institutionen sind solche nämlich nur
> Kraft ihrer fortwährenden Reproduktion« (Giddens 1988: 111f.).

Anthony Giddens Verständnis von Routinen findet sich in Löws Theorie wieder. Als Institutionen sind bei ihr »dauerhaft in Routinen re-
produzierte Gebilde« zu verstehen (Löw 2001: 163). Sie verwendet
diesen Ansatz für die Konstitution von Räumen.

> »Institutionalisierte Räume sind demnach jene, bei denen die (An)Ord-
> nung über das eigene Handeln hinaus wirksam bleibt und genormte
> Syntheseleistungen und Spacing mit sich zieht« (Löw 2001: 164).

Die beiden Prozesse können also ebenfalls institutionalisiert werden.
Löw nennt als Beispiel hierfür das Gericht, in dem allen im Saal befindlichen Personen eine konkrete Position zugedacht ist. Einen ähnlich institutionalisierten Raum finden wir in *Wacken* vor den Bühnen.
Dieser Raum wurde nun bereits des Öfteren betrachtet und von mir
als das Herz von *Wacken* bezeichnet. Er ist innerhalb *Wackens* der ein-
zige Raum mit derartig institutionalisierten Spacing- und Syntheseprozessen. Sobald Bands auftreten, nehmen die Besucher immer die-
selben antizipierten Positionen ein, nämlich um die Bühne herum. Die
von den Veranstaltern konstruierte räumliche Vorgabe wird hier gänzlich akzeptiert und umgesetzt. Die Platzierung der Bühnen gibt die
Positionen für die Menschen vor: Publikum vor der Bühne, Künstler
auf der Bühne, Tontechniker jenseits der Bühnen im Turm etc.

Mit den beschriebenen drei *Räumen im Raum* und deren Eigenschaften haben wir nun eine Vorstellung von der räumlichen Struktur und dem Handeln der Menschen in *Wacken*. Die Menschen verknüpfen die drei Räume durch ihre Bewegungen zu einem. Durch Syntheseprozesse werden sie als ein Raum wahrgenommen.

7.4 *Wacken* als *Space of Flows*

Der Begriff *Space of Flows* (deutsch: Raum der Ströme) stammt von Manuel Castells. Er bezeichnet damit den Raum moderner Netzwerkgesellschaften, welcher die gesellschaftliche Praxis durchdringt. Unter Strömen versteht er die

> »zweckgerichtete(n), repetitive(n), programmierbare(n) Sequenzen des Austauschs und der Interaktion zwischen physisch unverbundenen Positionen, die soziale Akteure innerhalb der wirtschaftlichen, politischen und symbolischen Strukturen der Gesellschaft einnehmen« (Castells 2001: 467).

Er nennt als Beispiel »Ströme von Kapital, Ströme von Informationen, Ströme von organisatorischer Interaktion, Ströme von Bildern, Tönen und Symbolen« (Castells 2001: 467). Über die elektronischen Netzwerke werden diese Interaktionen unabhängig vom Raum. Daten und Kapital sind durch sie nicht mehr ortsgebunden, sondern via Computer global verfügbar.

Da die Veranstalter des W.O.A. die Möglichkeiten des Internets frühzeitig genutzt haben, expandierte *Wacken* auch über den virtuellen Raum. So fand eine Vernetzung *Wackens* mit zahlreichen Orten auf der Welt statt. An dem bereits erwähnten Wacken Metal Battle, welches zuletzt in 26 Ländern veranstaltet wurde, zeigen sich die realen Auswirkungen solch medialer Strategien. Ohne das Medium Internet hätte das W.O.A. international wohl kaum eine derartige Reputation erlangt. Über dieses Medium erfolgt eine Entbettung des Festivals im

Sinne Giddens. Er versteht unter diesem Begriff das »Herausheben sozialer Beziehungen aus ortsgebundenen Interaktionszusammenhängen und ihre unbegrenzte Raum-Zeit-Spannen übergreifende Umstrukturierung« (Giddens 1995: 33). Folglich ist es für den hier untersuchten Raum notwendig, diesen *Space of Flows*, der sich um das Festival aufgebaut hat, näher zu betrachten.

»Mit dem Beginn der Moderne wird der Raum immer stärker vom Ort losgelöst, indem Beziehungen zwischen ›abwesenden‹ anderen begünstigt werden, die von jeder gegebenen Interaktionssituation mit persönlichem Kontakt örtlich weit entfernt sind. Unter Modernitätsbedingungen wird der Ort in immer höherem Maße phantasmagorisch, das heißt: Schauplätze werden von entfernten sozialen Einflüssen gründlich geprägt und gestaltet« (Giddens 1995: 30).

Nun wirkt das Festival nicht nur in andere Länder hinein, sondern wird ebenso von jenen Länder beeinflusst. Diese kulturelle Wechselwirkung zeigt sich in *Wacken* zuerst am internationalen Publikum. Mit kultureller Wechselwirkung ist hier der Austausch zwischen den Festivalteilnehmern gemeint. Die Besucher aus verschiedenen Ländern geben *Wacken* mit ihrer Anwesenheit die Bedeutung einer internationalen Veranstaltung. Auf der anderen Seite begründet das W.O.A. eine Zusammenkunft all dieser Kulturen und ermöglicht den Besuchern, sich in das Kollektiv der Heavy Metal-Fans einzubinden und sich dadurch ihrer Identität zu vergewissern, da das Festival durch Authentizität Identität erzeugt. Das Hauptanliegen sämtlicher medialer Strategien der Veranstalter besteht darin, den Namen des Festivals international zu verbreiten und zu etablieren. Das Internet ist aber nur ein Teil des *Space of Flows*. Dokumentationen wie »Metal - A Headbangers Journey« (2005) oder »Global Metal« (2007) von Sam Dunn thematisieren das W.O.A. und sind durch Kino, Fernsehen und Internet in vielen Ländern bekannt. Die Entbettung *Wackens* ist außerdem über das Geld als Medium möglich.

»Geld ist ein Mittel zur raumzeitlichen Abstandsvergrößerung. Das Geld schafft die Voraussetzungen für die Durchführung von Transaktionen zwischen Akteuren, die in Raum und Zeit weit voneinander entfernt sind« (Giddens 1995: 37).

So werden Tickets in verschiedene Teile der Erde geschickt, ebenso wie Merchandise-Artikel, die symbolisch einen Bezug zum W.O.A. herstellen. Allein weite Anreisen sind ohne den Transfer von Geld gar nicht denkbar. Ökonomisches Kapital zirkuliert demnach ebenso als Medium im *Space of Flows*. Erst durch die Anschaffung einer entsprechenden Technik können die Möglichkeiten internationaler Netzwerke genutzt werden. Das heißt, dass ein Besucher des Festivals, der eigentlich aus Israel stammt, zwangsweise ein gewisses Maß an ökonomischem Kapital akkumuliert haben muss, um zum einen über das Festival informiert zu sein und zum anderen, um die Reise überhaupt antreten zu können.

Da, je weiter die Räume voneinander entfernt sind, umso mehr finanzieller Aufwand betrieben werden muss, hat das W.O.A. für Gäste aus weit entfernten Ländern eine andere Bedeutung, als für die Nahreisenden. Mit Bollnow kann man sagen, dass der erlebte Weg und damit auch die Zeit des Erlebens dieses Weges wesentlich länger ist. Damit das W.O.A. also in Form einer internationalen Zusammenkunft erscheint, bedarf es zunächst eines hohen Maßes an Mobilität, welches von technischen Möglichkeiten abhängig ist.

»Die menschliche Mobilität war ziemlich begrenzt, arbeitsintensiv und zeitaufwendig, und auch die Mobilität von Kultur war eingeschränkt. Was den letzten Punkt anbelangt, so haben hier allerdings zwei moderne Technologien wirklich etwas verändert. Die eine Neuerung ist der Luftverkehr, der es vielen Menschen ermöglicht, sehr schnell über große Distanzen und zwischen Ländern und Kontinenten zu reisen. Die andere betrifft die Medientechnologien, die sich – ausgehend von der Drucktechnik – langsam aber stetig zu einer ganzen Palette von Möglichkeiten, ›unsere Sinne zu erweitern‹, entwickelt haben« (Hannerz 1995: 69).

Hannerz spricht hier, mit Bezug auf die Theorie McLuhans, von der Mobilität von Kultur durch neue Technologien. In diesem Sinne ist auch die Heavy Metal-Kultur mobilisiert worden. Im folgenden konzentriere ich mich auf das Internet. Neben Konzertübertragungen von Auftritten, die auf dem Festival stattgefunden haben, den bereits erwähnten Dokumentationen und den Beiträgen in Nachrichten und Boulevard-Sendungen, ist *Wacken* vor allem im Internet visuell präsent. In den modernen Gesellschaften wird die sinnliche Wahrnehmung in der Regel auf nur einen Sinn reduziert. Meist handelt es sich dabei um den visuellen Sinn (McLuhan, Powers 1995: 64). An Beispielen aus der modernen Unterhaltungselektronik zeigt sich diese sinnliche Reduktion. Sie alle beanspruchen in erster Linie die visuelle Aufmerksamkeit des Subjekts.

Marshall McLuhan differenzierte die elektronischen Medien und Kommunikationsmittel in heiße und kalte Medien. Ein heißes Medium werde primär über einen Sinn wahrgenommen, während ein kaltes Medium von mehreren Sinnen komplettiert werden müsse (McLuhan 1992: 35). Die Wahrnehmung des Menschen werde folglich vom Medium manipuliert. Über elektronische Kommunikationsmittel projizierten sich Menschen an ferne Orte und würden schließlich global verfügbar. McLuhan führte diese Projektion am Beispiel des Telefons vor, welches eine direkte Verbindung zwischen zwei Menschen an zwei voneinander weit entfernten Punkten herstellen kann. Bei einem Telefongespräch unterhalten sich zwei Menschen also innerhalb eines telekommunikativen Raumes. Die Distanz zwischen den beiden Orten wird durch das Telefon aufgehoben. McLuhan sah in der Entwicklung der modernen Netzwerkgesellschaft eine Entwicklung hin zum körperlosen Menschen:

>»Der körperlose Mensch ist schwerelos wie ein Astronaut, er kann sich aber viel schneller bewegen. Er verliert das Gefühl von persönlicher Identität, weil die elektronischen Wahrnehmungen nicht an einzelne Orte gebunden sind« (McLuhan, Powers 1995: 133).

Daraus resultiert letztlich der Zustand der Entbettung, wie ihn Giddens beschrieb. Die Theorie McLuhans lässt sich auch auf den hier untersuchten Raum anwenden.

Über das Internet entsteht nicht nur eine Verbindung zu den verschiedenen Orten auf der Welt, sondern es legt diese Orte in einem virtuellen Raum zusammen. In *Wacken* findet die virtuelle Zusammenlegung der Orte einmal im Jahr ihre Umsetzung in einem physisch-materiellen Raum, nämlich dem temporären Raum des Festivals.

Das Festival wird zum Knotenpunkt eines *Space of Flows*. Transferleistungen von Kapital und Informationen geschehen in und über diesen Raum der Ströme. Begreift man *Wacken* als einen *Space of Flows*, so muss man ihn von der physisch-materiellen Dimension losgelöst betrachten. Die Ortsgebundenheit verschwindet im virtuellen Raum, dadurch wird *Wacken* als Projektion im Netz global verfügbar. Die verschiedenen Ströme, wie sie von Castells aufgezeigt wurden, bewegen sich über elektronische Netzwerke und telekommunikative Medien. Als *Space of Flows* existiert *Wacken* deshalb auch jenseits des Festivalzeitraums. In dieser Form finden in ihm Kommunikationen und Interaktionen statt. Die Ticketverkäufe erfolgen größtenteils über das Internet. In Foren werden Meinungen zum Festival artikuliert und Vorschläge gemacht, die letztlich auch ihre realen Umsetzungen auf dem Festival finden können. Die Website des W.O.A. kann in deutscher und englischer Sprache angezeigt werden und informiert ihre Interessenten über die Einzelheiten des Festivals. Sie ist für viele verschiedene Kulturen zugänglich, so dass sich die Möglichkeit des Austauschs mit Heavy Metal-Fans und W.O.A.-Besuchern aus unterschiedlichen Ländern bietet, vorausgesetzt, man hat Zugang zu dieser Technologie.

Neben der Veränderung der räumlichen Dimension (Möglichkeiten zur räumlichen Transzendenz), wirken diese Medien sich auch auf die zeitliche Dimension aus. Ulf Hannerz betont diese im Zusammenhang mit der Mobilisierung von Kultur:

»Wir sollten uns aber auch daran erinnern, daß die Medien nicht nur zu einer Ausdehnung von Kultur im Raum beitragen. Als Aufzeichnungstechnologien regeln und verwalten sie vielmehr auch die Dimensionen der Zeit. In dem Maße, in dem die Menschheit damit fortfährt, mehr oder weniger ›neue‹ Kultur zu erfinden, kann sogar ein viel breiteres Spektrum kultureller Formen der Vergangenheit aufbewahrt werden« (Hannerz 1995: 73).

Jedes Jahr entsteht eine DVD zum Festival. Auf ihr sind in erster Linie Mitschnitte der Konzerte enthalten, daneben finden sich aber auch Beiträge über das Geschehen auf den Campingplätzen sowie Interviews mit Künstlern und Besuchern. Damit wird das W.O.A. medial konserviert und zugleich vervielfältigbar. Das Festival kann so per Knopfdruck abgerufen werden, wann immer es der Besitzer der DVD wünscht. Man hat die Möglichkeit, sich jeden Tag wieder den Zeitraum dieses Festivals zu vergegenwärtigen. Der Aufwand, der für das Aufzeichnen der Konzerte betrieben wird, zeigt sich vor Ort. Auf den Bühnen sind viele Kameras sichtbar und die in der Mitte des Festivalgeländes befindlichen Türme, die in kalkulierter Distanz zu den Bühnen stehen, beherbergen die Regie, welche Ton und Bild verwaltet. So entstehen jedes Jahr zahlreiche Stunden an Videomaterial. Dieses kann dann unter anderem in Form von DVDs, aber auch über das Internet und das Fernsehen gezeigt und vertrieben werden. Teile des Festivals werden via Webcam direkt in das Netz gesendet,[24] sodass diejenigen, die nicht zum W.O.A. anreisen können, dennoch die Möglichkeit haben, sich während der Zeit des Festivals via Internet einzuschalten und Einblicke in den Raum zu erhalten. Hieran zeigt

---

[24] http://www.wacken.com/de/woa2011/main-specials/webcam/ (Stand: 6.10.2010).

sich, dass der Beitrag dieser modernen Technologien zur räumlichen und zeitlichen Ausdehnung von Kultur nicht voneinander getrennt zu sehen ist. Vielmehr sind sie stets beiden Dimensionen verhaftet. Durch solche modernen Technologien entstehen Raum- und Zeitspannen übergreifende Umstrukturierungen.

Als *Space of Flows* begriffen, sind die verschiedenen Ströme *Wackens* alle auf das Thema W.O.A. bezogen: dem Knotenpunkt des *Space of Flows*. In ihm manifestieren sich die Auswirkungen der über die Ströme stattfindenden Aushandlungsprozesse.

8 »Dat is Wacken« - Das Zusammenspiel der Teile

Nachdem der Raum *Wacken* nun aus mehreren Perspektiven betrachtet worden ist und die Bedeutung der Menschen für diesen Raum anhand von Interaktionen, Spacing und Syntheseleistungen beschrieben wurde, sollen nun die gesammelten Informationen zu einem Bild vereint werden. Der untersuchte Raum erhält seine Form durch das Zusammenspiel der verschiedenen räumlichen Dimensionen samt ihrer Eigenschaften. Während sich mit der ontologischen Dimension des *espace conçu* eine Vorstellung von der Architektur dieses Raumes und seiner physisch-materiellen Ausprägungen ergab, erschloss sich über die symbolische und soziale Dimension die innere Struktur *Wackens*. Dieser soziale Raum zeigte Unterschiede und Gemeinsamkeiten im Publikum auf. Mittels der Theorie Löws konnten darüber hinaus Prozesse der (An)Ordnung nachvollzogen werden, die Menschen und soziale Güter zu einer räumlichen Struktur verbinden. Die Konstruktion und Umsetzung einer Atmosphäre sowie die dafür bedeutsame auditive Dimension des Festivals haben ebenfalls ihren Weg in die Analyse gefunden und mit der Konzeption *Wackens* als *Space of Flows* wurden die Auswirkungen moderner Technologien einbezogen.

Aus all diesen Aspekten ergibt sich ein Bild des untersuchten Raumes, welcher wiederum durch die Akteure antizipiert, gestaltet, modifiziert und mit Bedeutung aufgeladen wird. In diesem erlebten Raum – dem *espace vécu* – gehen sämtliche Vorüberlegungen ein. Er trägt der subjektiven Raumwahrnehmung und dem entsprechenden Handeln Rechnung. Wie ich in meiner Thesis erläutert habe, sehe ich das »Geographie-Machen« als einen mentalen Konstruktionsprozess des Raumes, der sich schließlich in den Spacing- und Syntheseprozessen ausdrückt. Der *espace vécu* und das »Geographie-Machen« beziehen sich somit vor allem auf das Individuum und seine Verortung im Raum. Nachdem bisher also kollektive Handlungsmuster und Raumaneignungsprozesse im Vordergrund standen, möchte ich nun mit Rückgriff auf die Erinnerungsberichte und meine teilnehmende Beobachtung diesen Aspekt schließlich einbeziehen. Die Dimension des erlebten Raumes ist für das Gesamtbild von großer Bedeutung, da in der Wahrnehmung des Einzelnen bereits alle Faktoren zusammenfließen, die letztlich für die Konstitution von Räumen entscheidend sind.

8.1 *espace vécu* und »Geographie-Machen«

Der *espace vécu* konstituiert sich über die Bedeutungsproduktion der Subjekte.

> »Es ist der beherrschte, also erlittene Raum, den die Einbildungskraft zu verändern und sich anzueignen sucht. Er legt sich über den physischen Raum und benutzt seine Objekte symbolisch – in der Form, dass diese Repräsentationsräume offensichtlich zu mehr oder weniger kohärenten nonverbalen Symbol- und Zeichensystemen tendieren.« (Lefebvre 2006: 336)

Unter dem Begriff *espace vécu* lassen sich subjektive Raumerfahrungen zusammenfassen. Diese Räume der Repräsentation theoretisch zu begreifen, bedeutet allerdings »diese erlebte Bedeutung auf die Ebene des *concu*, des (begrifflich) Erfassten, zu bringen, ohne sie zu zerbrechen« (Schmid 2005: 224). In Kapitel 7.3 nahm ich eine Unterteilung *Wackens* in drei Räume vor. Meine Kriterien waren dabei primär die Aneignung dieser Räume durch die Besucher und die ihnen dadurch eingeschriebenen Funktionen. Ich möchte noch einmal auf das Dorf als einen dieser drei Räume zu sprechen kommen. Für das Gros der Besucher ist das Dorf fester Bestandteil von *Wacken*. Betrachtet man die Spacing- und Syntheseprozesse der Besucher, so zeigt sich, dass dieser Raum in einem hohen Maße von den Heavy Metal-Fans angeeignet wird. Das Dorf ist während des Festivalzeitraums stark von ihnen frequentiert. Sie sind entlang der Hauptstraße überall anzutreffen. Folglich ist es plausibel, das Dorf als Teil des Raumes von *Wacken* zu sehen. In den Erinnerungsberichten findet sich allerdings auch eine Aussage, die genau dieser Annahme widerspricht. Auf die Frage, wie sich für ihn der gesamte Raum gestaltet habe, wobei ich zum Verständnis hierfür die einheitliche Wahrnehmung von Dorf und Festival erwähnte, antwortete Arne G:

> »Das Dorf habe ich nicht als am Festivalgeschehen beteiligten Raum wahrgenommen, ich wusste zwar, dass im Dorf verschiedene Möglichkeiten zum Zeitvertreib angeboten wurden, ich habe dieses Angebot aber nie wahrgenommen, daher blieb mir das Dorf stets verschlossen. Mein Blick auf Wacken beschränkte sich immer auf das Festivalgelände, einmal abgesehen von An- und Abreise. Der Raum Festival war eine Art Mikrokosmos, für 3 Tage abgekoppelt von der Außenwelt, eine zeitweise autonome Lebenswelt. Dabei war dieser Raum aufgeteilt in Stagegelände und Campingground, der Bereich vor dem Eingang zu den Stages mit den Fressbuden, Bierständen und Merchandise-Angeboten war eine Art Transferbereich, sozusagen der Flur vor dem Zimmer, also draußen vor der Tür die Außenwelt mit Zelten und so, dann der Eingangsbereich zur Wohnung, in dem man sich nicht lange aufhält, und dann das Wohnzimmer, die Stages, der Bereich, in dem man sich wohl fühlt und 'ne Menge Zeit verbringt, weil man die Bands sehen will. Kann sein, dass der Vergleich hinkt, aber so ungefähr habe ich es wahrgenommen« (Erinnerungsbericht 11: Arne G.).

Das Raumerlebnis des Befragten divergiert also hinsichtlich der räumlichen Bedeutungszuschreibung klar von der bisherigen Annahme. Da ich nur eine kleine Gruppe von Personen mittels der Erinnerungsberichte befragen konnte, bleibt es hier reine Spekulation, wie hoch der Anteil der Besucher ist, die mit der Ansicht von Arne G. konform gehen. Man kann allerdings davon ausgehen, dass nicht jeder Besucher des Festivals das Dorf während seines Aufenthalts begeht bzw. dort Zeit verbringt und interagiert. Die Vermutung liegt nahe, dass einige Leute, so wie Arne G., den Zeitvertreib im Dorf eher als Zeitverschwendung betrachten. Bewegt man sich ins Dorf, so verliert man effektiv an Zeit, die man mit der Musik und den Bands verbringen könnte. Wie in Kapitel 5 gezeigt wurde, ist für die meisten Besucher dies die zentrale Motivation, zum W.O.A. zu fahren. Entsprechend handeln einige Besucher nach eben dieser Prämisse und versuchen ein Maximum an Zeit in der Nähe der Bühnen bzw. im Herzen von *Wacken* zu verbringen. Im Fall von Arne G. ist das Interesse an der Musik so vorrangig, dass damit auf einige Möglichkeiten des Raumes verzichtet wird oder genauer: ein Teil des Raumes wird gänzlich ausgeblendet, um dem Hauptanliegen mehr Zeit einzuräumen. Er misst dem Dorf keine besondere Bedeutung bei, sondern trennt es vielmehr von seiner Idee *Wackens*. Sein Vergleich des wahrgenommenen Raumes mit einer Wohnung zeigt hier eine individuelle Form räumlicher Bedeutungszuschreibung. Wenn wir diese Beschreibung als die Wahrnehmung des erlebten Raum eines Menschen begreifen, dann stellt sich im Anschluss daran die Frage, wie der Mensch demnach handelt.

> »Der espace vécu, der gelebte und erlebte Raum, und damit die im Raum ausgedrückten und erlebten sozialen Bedeutungen, lassen sich nicht von der materiellen Seite der sozialen Praxis, des Handelns, abtrennen. Genau darin liegt der Sinn der ›dreidimensionalen‹ Theorie der Produktion des Raumes« (Schmid 2005: 226).

Wie aus der Aussage von Arne G. hervorgeht, sind die Wahrnehmung eines Raumes und dessen Aneignung nicht voneinander getrennt zu betrachten. Mit den Begriffen Lefebvres kann man sagen, dass die individuelle soziale Praxis vom *espace vécu* eines Menschen durchdrungen ist. Lefebvres drei räumliche Dimensionen stehen im Dialog zueinander, beeinflussen und erklären sich gegenseitig. Weshalb der *espace vécu* hier noch mal besondere Erwähnung findet, hängt mit dem untersuchten Raum zusammen. Dieser lässt den Besuchern viele Möglichkeiten zur Aneignung. In der Aussage von Katharina S. (Kap. 6.1) wurde die eigene Gestaltung *Wackens* konkret erwähnt. Aus den Erinnerungsberichten des Samples sowie den nachträglichen schriftlichen

Befragungen lässt sich dieses Verständnis des Raumes bei den meisten erkennen. Der *espace vécu* »überlagert den physischen Aspekt des Raumes, indem (er) die materiellen Elemente bzw. ihre Anordnung zu Trägern von Bedeutung (macht)« (Schmid 2005: 227). Dies möchte ich an dieser Stelle mit weiteren Auszügen aus den Erinnerungsberichten und Interviews illustrieren. Für die Erinnerungsberichte stellte ich als letzte Frage: Wo fängt *Wacken* für dich an und wo hört es auf? Diese Frage antizipierte eine Antwort, die dem subjektiven Raumempfinden der Personen Rechnung trägt.

> »Im Jahr an seinen Dorfgrenzen, an den 10 Tagen ums Festival zwischen Hamburg und der Nordsee, von Stauende zu Stauende und in den Medien im ganzen Land« (Erinnerungsbericht 14: Markus H.).

> »Wacken fängt für mich schon bei den Vorbereitungen an, also zum Beispiel, wenn man die Vorräte mit Freunden kauft. Schon die hier herrschende Vorfreude gehört dazu. Das Festival endet eigentlich nach der Heimfahrt, wobei der Austausch mit anderen über das gemeinsam Erlebte natürlich noch viel länger präsent bleibt« (Erinnerungsbericht 15: Tim R.).

> »Auch wenn Wacken allgegenwärtig ist und andauernd Wacken-Partys stattfinden, fängt Wacken für mich am Ortsschild an und hört auch da wieder auf« (Erinnerungsbericht 16: Martin N.).

> »Hört spätestens dann auf, wenn jeder zweite Langhaarige im Alltag mit W.O.A.-Shirt rumläuft« (Erinnerungsbericht 5: Christop H.).

> »Wo Wacken anfängt: Natürlich schon beim Kauf der Karte und dann so richtig beim Planen und zusammen Einkaufen. Vor dem Kauf der Karte guckt man natürlich immer schon, welche Bands kommen und ob man überhaupt hingeht.
> Wo Wacken aufhört: Plötzliches, abruptes Ende ist, wenn man Sonntagmorgen aufwacht und fast keine Leute mehr da sind, sondern nur noch die verlassenen Müllhaufen, man hätte lieber nochmal etwas anderes gesehen an dem Morgen. (Erinnerungsbericht 6: Katharina S.).

»Für mich fängt Wacken beim ersten Bier an und hört beim Letzten auf!« (Erinnerungsbericht 4: Boy D.).

An diesen Antworten kann man ablesen, dass *Wacken* nicht nur als Raum wahrgenommen wird, sondern auch als Zeit und Gefühl. Daraus ergibt sich die Schwierigkeit, das untersuchte Phänomen im Kontext subjektiver Bedeutungsproduktion überhaupt als Raum darzustellen. Erst durch das Zusammenspiel von *espace vécu* und sozialer Praxis lässt es sich abbilden.

Die Raumaneignungspraxen, die sich an dem Erleben des Raumes ausrichten, sind das, was Benno Werlen als »Geographie-Machen« bezeichnet. Der Ansatz seiner Sozialgeographie verfolgt eine handlungszentrierte Betrachtungsweise, über die sich die alltäglichen Regionalisierungen der Lebenswelten erschließen (Werlen 1997: 64). Der *espace vécu* lässt sich nicht konkret räumlich darstellen, denn:

> »Bedeutungen sind Leistungen der Subjekte. Sie sind zugeschrieben und wesensimmanent. Deshalb ist auch einzusehen, dass man im strengsten Sinne keine subjektiven oder sozial-kulturellen Bedeutungen räumlich darstellen kann. Räumlich darstellbar sind nur die Vehikel, nur die Träger von Bedeutungen, nicht aber die Bedeutungen selbst« (Werlen 2000: 307).

Die Bedeutungen, die Menschen den Dingen bzw. sozialen Gütern beimessen, beeinflussen wiederum auch die Art und Weise des menschlichen Handelns. Deshalb habe ich mich dafür entschieden, die Theorie Lefebvres mit der Werlens zu verknüpfen und für das hier untersuchte Phänomen zu operationalisieren. Die Frage nach der Wahrnehmung des gesamten Raumes, wie ich sie am Beispiel von Arne G. erläutert habe, evozierte Antworten, die Rückschlüsse auf die Bedeutungsproduktion der Subjekte zulassen. Bei Arne G. sind die Bedeutungen räumlicher Strukturen eng mit der Musik bzw. der

Kunst verbunden. Das bedeutet, dass das Dorf, da es nicht unmittelbar mit der Musik in Verbindung steht, für ihn keine Bedeutung für sein *Wacken* hat. Folglich sind seine räumlichen Aneignungsprozesse auf zwei der drei *Räume im Raum* beschränkt. Wie bereits an den Aussagen anderer Besucher erkennbar wurde, gibt es viele Personen, die das Dorf sehr wohl als Teil ihres *Wackens* betrachten. Sie realisieren dies mit ihren Bewegungen und Handlungen, z. B. Einkaufen gehen oder Geld am Bankschalter abheben. Die Bedeutungsproduktion variiert, bezogen auf die drei *Räume im Raum*, hinsichtlich der Gewichtung. Im Konzept der *Räume im Raum* ist das Dorf ein optionaler Raum, während Campingbereich und Festivalgelände essentielle Räume sind. Für den Großteil der Besucher, die sich selbst als Heavy Metal-Fans sehen, ist davon auszugehen, dass das Festivalgelände mit den Bühnen als Ort der performativen Praxis der Künstler im Fokus ihres Aufenthalts steht. Das Aufgebot an Künstlern ist schließlich auch für den Preis des Eintritts verantwortlich. Die Campingbereiche hingegen werden notwendigerweise immer wieder aufgesucht, um zu ruhen, zu schlafen, etc. Das Dorf gehört zwar zum Gesamtbild *Wackens*, bezogen auf die räumlichen Aneignungsprozesse der Subjekte hat es aber eine geringere Priorität als das Camping- und Festivalgelände. Man kann in diesem Sinne von einer Bedeutungshierarchie der *Räume im Raum* sprechen, die sich aus den subjektiven Wahrnehmungsprozessen der Besucher ergibt.

Die Erfahrungen der Besucher mit dem Festival sind ebenso ein entscheidender Faktor für das Erleben und Aneignen des Raumes. So zeigt sich in den Erinnerungsberichten, dass die ersten Besuche des Festivals eigentlich stets als die besten dargestellt wurden. Dazu möchte ich einen Auszug aus dem Bericht von Markus H. zitieren:

> »Zuerst ein kleiner Rückblick auf das heute weit entfernte Wacken 2004. Damals war ich 15 Jahre jung und es war mein erstes Festival, ich war frisch mit dem ›Metal-Fieber‹ infiziert und es war ein Erlebnis, welches

ich unter Anbetracht dieser Tatsachen natürlich nicht vergessen habe.
Faszination pur. Das größte Metal Festival der Welt und ich kleiner
Mann durfte dabei sein und absolut geniale Bands sehen. Und nun zur
Stimmung: Ich war überwältigt von der Leichtigkeit und dem unge-
zwungenen freundlichen Verhalten der Menschen vor Ort, was auch mit
dem genialen Wetter zusammenhängen mochte. Ich habe viel Kontakt
zu Menschen aus ganz Europa und auch den USA gehabt und hatte
generell das Gefühl trotz meines jungen Alters von den anderen Metalheads sehr freundlich aufgenommen zu werden (Erinnerungsbericht 14:
Markus H.).

Die hier beschriebene Euphorie und die damit einhergehende Sicht
auf das Festival und seinen Raum sind exemplarisch für das erste Erleben des Festivals. Beim erstmaligen Besuch sind alle Eindrücke neu
und entsprechend faszinierend. Das Lebensalter und die vergangene
Zeit an sich sind in dieser Hinsicht ein wesentlicher Faktor für die
Bedeutungszuschreibung. Diese Wahrnehmung wird nach mehreren
Besuchen zunehmend durch routinierte Handlungen relativiert. Unterschiede zum erstmaligen Besuch des Festivals werden später umso
eher bemerkt und kritisiert, je mehr versucht wird, an jenes Gefühl an-
zuknüpfen, das einen befiel, als man zum ersten Mal zu diesem Festival reiste. Der erstmalige Besuch des W.O.A. impliziert die Möglichkeit einer starken emotionalen Bindung an das Erlebnis. So kann der
Besuch das Interesse an der Subkultur des Heavy Metal wecken und
als Objektivation den Einstieg in die Szene und damit die Inkorpora-
tion der dazugehörigen kulturellen Schemata initiieren. Hat man die
kulturellen Schemata einer Subkultur erst einmal inkorporiert, werden
Sichtweisen und Wahrnehmungen davon stark beeinflusst. Wenn also
der erlebte Raum und das durch ihn beeinflusste Handeln der Menschen Teil der Raumkonstitution *Wackens* ist, muss die Erfahrung einer Person im Umgang mit dem Festival berücksichtigt werden. Folglich ist Erfahrung im Sinne von gelebter und erlebter Zeit ein Faktor
für die Bedeutungsproduktion im Raum.

»(D)as besondere Merkmal physisch-materieller Gegebenheiten besteht darin, dass ihnen soziale Bedeutungen nicht inhärent, sondern auferlegt sind« (Werlen 1997: 51). Der physisch-materielle Raum ist derjenige, der geographisch lokalisierbar und greifbar ist. Man begeht ihn, sieht ihn und handelt in, nach und mit ihm. Er beansprucht also den Körper. Das Auferlegen von Bedeutungen hingegen ist ein mentaler Konstruktionsprozess. Im Anschluss knüpfen sich die Handlungen und Tätigkeiten der Menschen an, die dann prozesshaft den Raum konstituieren. Unter diesen Aspekten offenbart sich

> »Raum‹ nun nicht mehr (als) ein substantielles Ding neben den ausgedehnten materiellen Objekten, sondern (als) eine Möglichkeit der Wahrnehmung, Ordnung und Beschreibung ausgedehnter Gegebenheiten« (Werlen 1995: 205).

Mit diesem Verständnis von »Raum« lassen sich die zitierten Ansichten der Besucher korrelieren, da »Raum« in diesem Sinne eine Entität ist, die weder auf die räumliche, zeitliche noch emotionale Dimension beschränkt bleibt. So zeigt sich für die Subjekte, dass *Wacken* mehr als nur ein räumlicher Bezugspunkt ist. Beschließen möchte ich dieses Kapitel deshalb mit einer, wie ich denke, sehr treffenden Aussage von Arne G.:

> »Wacken beginnt für mich mit dem Einstieg ins Auto, um zum Festival zu fahren. Spätestens zu diesem Zeitpunkt hörte in beiden Jahren die Außenwelt auf zu existieren und es begann sich ein neues Grundgefühl, eine gewisse Spannung im Körper auszubreiten. Und damit hörte vom Gefühl her auch Wacken immer auf, mit dem ersten Schritt aus dem Auto, wenn das Festival vorbei ist und man zu Hause ankommt. Während der Fahrt baut sich das Gefühl am Anfang langsam auf und nimmt am Ende langsam wieder ab. Rein geographisch betrachtet wird Wacken zum einen durch das Ortsschild begrenzt und zum anderen durch das letzte Zelt am hintersten Reserveplatz. Es gibt in der Begren-

zung für mich einen Unterschied zwischen dem ›Gefühl Wacken‹ und dem ›Ort Wacken‹« (Erinnerungsbericht 11: Arne G.).

In Anlehnung an die drei Dimensionen von Lefebvre muss betont werden, dass das Wahrnehmen, Konzipieren und Erleben eines Raumes niemals nur individuell, sondern zugleich immer auch gesellschaftlich ist (Schmid 2005: 245). Besonders der erlebte Raum ist stark abhängig von den Interaktionen der Menschen, denn in *Wacken* ist man meist nie allein.

8.2 Fünf Hypothesen zu *Wacken*

I. Es findet eine temporäre Expansion des Raumes *Wacken* statt. Mit dem Beginn des Festivalzeitraums verschmelzen die Flächenanteile anderer Ortschaften mit denen Wackens, um den Raum für das W.O.A. zu bilden. Durch diesen Prozess verwandelt sich der Ort Wacken in den Raum *Wacken*. *Wacken* beinhaltet demnach sowohl den Ort Wacken, als auch Raumanteile von Holstenniendorf und Gribbohm, ebenso wie kleinere Flächenanteile anderer umliegender Ortschaften. Das Festival legt die Flächen dieser Ortschaften zusammen und kreiert damit einen neuen Raum. Dieser vereinnahmt den Ort Wacken und nutzt ihn als Grundlage für eine weiterreichende Expansion. Der namengebende Ort findet hier also eine symbolische Ausdehnung. Für die Besucher sind auch die Flächenanteile Gribbohms oder Holstenniendorfs ganz klar *Wacken*. Unter dem Banner des W.O.A. wächst der eigentliche Ort also über seine Grenzen hinaus. Die Ausdehnung findet dabei primär über die drei *Räume im Raum* (das Dorf, den Campingplatz und das zentrale Festivalgelände) statt. Insbesondere der Campingbereich erstreckt sich über mehrere Orte und stellt damit den größten Teil der Fläche *Wackens*. Ich betrachte die herausgestellten drei *Räume im Raum* als die Hauptkomponenten *Wackens*. Diese diffundieren in ihren Grenzen nach außen. Das bedeutet, dass sie keine konkreten Begrenzungen haben, sondern dass ihre Ausdehnungen vielmehr von einem Ballungspunkt im Zentrum des jeweiligen Raumes nach außen hin ausdünnen. Sie sind verbunden durch ein Netz von Wegen, welche im Sinne Rolshovens als Übergangs- und Zwischenräume bezeichnet werden können. Auch auf ihnen findet die Raumaneignung statt. Das physisch-materielle Ende des Raumes *Wacken* fängt da an, wo das Spacing und die Syntheseleistungen der Besucher aufhören. Sie sind letztlich diejenigen, die die Expansion des Raumes verursachen und folglich auch diejenigen, die durch ihre Abreise den Raum wieder »schrumpfen« lassen. Sie machen Geographie, was im Falle des untersuchten Phänomens bedeutet: Sie machen *Wacken*.

II. Der Raum *Wacken* hat eine soziale Dimension. Er ist gekennzeichnet durch Mechanismen von Inklusion und Exklusion. Die Personen in *Wacken* lassen sich in Gruppen einteilen. Dabei sind insbesondere die ersten drei Gruppen, die zahlenden Besucher, für das Erstellen einer symbolischen Ordnung der Dinge verantwortlich. Es zeigt sich eine hierarchische Ordnung innerhalb des Heavy Metal-Publikums. Diese wird über Kommunikation und symbolische Distinktionsakte, die sich unter anderem in Formen der Semiotisierung ausdrücken, hergestellt. So werden auch in *Wacken* soziales und symbolisches Kapital verhandelt. Damit offenbart sich eine Sozialstruktur des untersuchten Raumes über Zugehörigkeiten und Distanzierungen. Der Geschmack, beispielsweise in Bezug auf die Musik, dient hier als starkes Distinktionsmittel. Mit ihm gehen Formen von Inklusion und Exklusion einher. Mit Bezug auf Bourdieu und Diaz-Bone lässt sich *Wacken* als Raum eines Lebensstils bezeichnen. Mit zunehmender Popularität des W.O.A. hat sich das Besucherbild und damit auch der soziale Raum *Wacken* gewandelt. Schulzes Begriff der »Zappermentalität« trifft auch auf die modernen Formen der Musik-Festivals zu. Bezieht man sich auf die Deutungen der »Veteranen«, so hat diese Entwicklung auch in *Wacken* den Bedeutungsverlust von sozialen und kulturellen Distinktionsmitteln, kultureller Eindeutigkeit und spezifischen Lebensphilosophien zur Folge. Die »Veteranen« artikulieren ihre damit einhergehende Besorgnis mit Kritik an den Modernisierungen des Festivals. Betrachtet man die Entwicklung des Festivals über die letzten 20 Jahre, so zeigt sich, dass mit der steigenden Popularität des W.O.A. das Besucherfeld pluraler wurde, und das nicht nur in internationaler Hinsicht. So befinden sich mittlerweile auch immer mehr Besucher auf dem Festival, die Heavy Metal nicht als Lebensstil verstehen, sondern eher aus reinen Unterhaltungszwecken daran partizipieren. Jene Gruppe habe ich in dieser Arbeit »Festivaltouristen« genannt. Diese Publikumsentwicklung hat jedoch an dem friedlichen Umgang miteinander nichts geändert. Konflikte bleiben in *Wacken* immer noch größtenteils aus. Die Dorfbewohner stehen außerhalb dieser symbolischen Ordnung und sind folglich auch nicht in eine Hierarchie eingebunden. Zwischen Dorfbewohnern und den Besuchern des Festivals hat sich ein Konsens etabliert, der sich in einem speziellen Interaktionstonus zeigt. Dieser unterscheidet sich von dem, den die Besucher untereinander entwickelt haben.

III. Hinsichtlich moderner Mediennetzwerke und Kommunikationstechnologien implodiert die Welt in *Wacken.*

»Die wichtigsten videoverwandten Technologien (Glasfaser, Computer und Satellit) löschen die Entfernungen aus. Die Aufhebung des Raumes geschieht auf einer interaktiven Basis. Diese Kraft der Computer und Datenbanken, Simultanität herzustellen, wird die literale Implosion von bestimmten Wirtschaftsbereichen und öffentlichen Dienstleistungen verursachen: Das ist das Wesen des Robotismus« (McLuhan, Powers 1995: 125).

Die zitierten videoverwandten Technologien, zu denen heute auch das Internet gehört, erschaffen diese Simultanität. Jene Formen der Technologie werden nicht nur während, sondern auch außerhalb des Festivalzeitraums genutzt. *Wacken* ist mit der ganzen Welt vernetzt. Damit meine ich die Präsenz des Festivals im Internet, Fernsehen und anderen elektronischen Medien. In *Wacken* werden mittels jener Technologien zahlreiche internationale Räume simultan zusammengefügt. Wacken explodiert in die Welt. Zugleich bildet der Raum *Wacken* einen Kummulationspunkt für die Heavy Metal-Szene, da seine internationalen Verbindungen nicht ausschließlich in elektronischen Netzwerken stattfinden, sondern einmal im Jahr, durch das Festival, auch eine konkrete Umsetzung dieser Zusammenlegung im physisch-materiellen Raum erfahren, das Dorf also zur multikulturellen und multilingualen Metropole wird. Die Welt implodiert in Wacken.

IV. *Wacken* ist eine Heterotopie. Die Umsetzung des globalen Dorfes im physisch-materiellen Raum ist eine Heterotopie im Sinne eines Illusionsraumes. *Wacken* reflektiert verschiedene Kulturen in einem Raum. Zahlreiche Nationalitäten versammeln sich hier und bilden eine Gemeinschaft unter dem Banner einer Subkultur. Die Form dieser Zusammenkunft negiert dabei größtenteils ethnische und kulturelle Unterschiede. Jener Raum ist allerdings durch seine zeitliche Begrenzung nur flüchtig, denn die große Gemeinschaft löst sich nach Beendigung des Festivals wieder auf und die Menschen kehren in ihren Alltag zurück. Speziell die Bühnen in *Wacken* sind ebenfalls als Heterotopien zu sehen. Sie kommen Foucaults Beispiel des Theaters am nächsten, da auch sie mehrere Orte abbilden. Die internationalen Künstler warten mit jeweils eigenen Formen der Repräsentation und Inszenierung auf. Diese bringen sie auf den Bühnen performativ zum Ausdruck. Die Künstler verbinden sich mit ihrer Musik, ihren Darbietungen und der Bühne zu einer Illusionsheterotopie. Jene wiederum bildet zusammen mit dem Publikum die Synthese eines der drei *Räume im Raum*. Der Bereich der Künstler ist für die Besucher ohne spe-

zielle Zugangsberechtigung nicht zugänglich. Die Künstler befinden
sich in exklusiven Räumen. Sie treten in erster Linie nur zu bestimmten Terminen, wie dem Auftritt oder Autogrammstunden, aus ihnen
heraus. Daran zeigt sich ein System von Öffnung und Schließung, wie
es Foucaults Konzeption von Heterotopien zu eigen ist. Über das Personal werden diese Mechanismen innerhalb *Wackens* realisiert.
Begreift man *Wacken* als Illusionsheterotopie, so lässt sich hierin auch
der Ansatz von Sandra Scherreiks integrieren. *Wacken* stellt eine
Flucht aus dem Alltag dar. Der Lebensstil des Heavy Metal wird hier,
obgleich die Ansichten in diesem Punkt variieren mögen, authentisch
vermittelt, weshalb das Festival auf die Besucher kompensatorisch
wirkt.

V. *Wacken* kann als narrativer Raum verstanden werden, das bedeutet,
übertragen auf den hier untersuchten Raum, dass der Raum *Wacken*
prinzipiell offen gestaltet ist. Die Veranstalter schaffen für den Raum
Wacken räumliche Vorgaben. Diese werden dann von den Besuchern in
verschiedenen Formen genutzt. Thomas Jensen sprach davon, dass
man als Organisator darauf bedacht ist, nur den Rahmen vorzugeben
(Kap. 4.1). Beim W.O.A. wird der Besucher auf einen Campingplatz
gelotst, der Aufbau des Lagers unterliegt aber keinen weiteren Beschränkungen. Die Besucher haben in *Wacken* viele Möglichkeiten zur
kreativen Raumaneignung. Auf dem Campingbereich zeigt sich dies
am deutlichsten in Form von speziell hergerichteten Zeltlagern,
Wohnburgen etc. Das Dorf birgt insbesondere als optionaler Raum
der drei *Räume im Raum* Möglichkeiten, die kein anderes Festival in
dieser Hinsicht bieten kann. Wie aus den Aussagen von Herrn Teske
und Herrn Brandt hervorgeht, gibt es zahlreiche Interaktionen von
Anwohnern und Besuchern, die den Menschen im Gedächtnis bleiben. Die Geschichte von Herrn Teske (Kap. 7.2) zeigt exemplarisch,

wie sich so gewonnene Bedeutungen in den Raum einlagern. In dem Jubiläumsband zum 15-jährigen Bestehen des Festivals finden sich mehrere solcher Interaktionsgeschichten (Chwalek 2004). Die Interaktion von angestammter und eingebrachter Kultur produziert also Bedeutungen, die den Raum verlebendigen. »Räume können sich mit Zeit füllen, wenn sie zulassen, daß bestimmte Eigenschaften von Erzählungen im Alltag wirksam werden« (Senett 1991: 242). So hat sich speziell das Dorf zu einem narrativen Raum entwickelt. Dieses spiegelt sich vor allem in seiner Integration ins Festivalgeschehen wider.

8.3 Fazit

Der Ort Wacken oszilliert, er wechselt zwischen zwei Zuständen. Mit dem Einzug des Festivals wandelt sich jener Ort zu einem besonderen Raum. Das Festival verändert den Raum primär durch seine Besucher. Diese sind die Prozessträger der Raumgestaltung. Die Organisatoren setzen mit dem Aufbau von Bühnen, dem Einteilen und Markieren des Geländes und natürlich dem Anwerben der Bands den Rahmen für das Ereignis. Letztlich sind es aber die Massen an Menschen, die wegen des Festivals anreisen, die mit ihren Formen der Raumaneignung den Raum *Wacken* kreieren. Mit ihren Vorgaben entwerfen die Veranstalter gleichzeitig ein Konzept für die Nutzung des Raumes. Dieses umzusetzen, liegt jedoch nur zum Teil im Bereich ihrer Möglichkeiten. Das Personal kontrolliert an bestimmten Punkten innerhalb des Raumes, um Zugänge zu verwalten. Davon abgesehen, sind keine Kontrollmechanismen wirksam, was auch im Interesse der Veranstalter liegt. Gab es in den ersten Jahren des Festivals immer wieder Kritik und Dissens, so ist das W.O.A. mittlerweile zu einem festen Bestandteil der Raumkultur Wackens und der Umgebung geworden. Die Einheimischen haben das Festival als eine Ausformung des von ihnen bewohnten Ortes akzeptiert. Es ist nicht mehr ein »Fremdkörper«, sondern ein jährlicher Ablauf, auf den sie sich einstellen. Dabei nimmt ein großer Teil der Bewohner an dem Ereignis aktiv teil, indem sie entweder selbst das Festival besuchen, ein Geschäft aufbauen oder auf andere Weise mit den Besuchern interagieren. Wenn man von einer Raumkultur *Wackens* spricht, muss man, wie Gisela Welz betont, die Mobilisierungsprozesse von Kultur in modernen Gesellschaften bedenken (Welz 1998: 177). Die Präsenz *Wackens* in den Medien ist in dieser Hinsicht von entscheidender Bedeutung. Da Heavy Metal eine international vertretene Musikrichtung ist und entsprechend viele Menschen diese Musik rezipieren, hat das W.O.A. als eines der größtes Heavy Metal-Festivals der Welt eine besondere Stellung. Nicht nur mit Werbeaktionen, sondern auch über die internationalen Metal Battles werden Verbindungen zu fernen Ländern aufgebaut. Daraus ergibt sich ein Austausch von Diskursen, der die Bedeutung *Wackens* anreichert. Während des Festivalzeitraums wird dieser interkulturelle Austausch im Raum sichtbar. Die internationalen Gäste sind für das Bild des W.O.A. sehr wichtig, weil sie es zu einer internationalen Veranstaltung machen. Mit einem höheren Anteil nationaler Gäste würde das Festival viel an Exotik einbüßen, wodurch die Raumkultur um einen tragenden Aspekt reduziert würde.

Der Raum *Wacken* konstituiert sich auf mehreren Ebenen. Deswegen soll *Wacken* hier anhand von drei Entitäten gegliedert werden, die die verschiedenen Dimensionen des Raumes, sowie die Akteure und Prozesse zusammenfassen:

Ort: Der Ort Wacken ist eine geographische Fläche, welche durch die politische und naturräumliche Infrastruktur und durch die Bewohner konstituiert ist. Der agrikulturell angeeignete Naturraum von Wacken ist die Basis für die Platzierungspraxis der Veranstalter und folglich auch der Besucher.

Festival: Das W.O.A. ist ein temporäres Ereignis, das einmal im Jahr viele Besucher anzieht. Das ganze Jahr hindurch ist es der Knotenpunkt eines *Space of Flows.* Das Festival begründet eine soziale Veranstaltung und bringt mit seinem Aufbau physisch-materielle Veränderungen in den Ort Wacken ein.

Gruppen im Raum: Während des Festivals sind zahlreiche Personen im Raum anwesend, die sich in Gruppen verdichten. Sie alle sind Prozessträger, das bedeutet, sie alle haben die Fähigkeit, sich den Raum anzueignen und ihm Bedeutung zu verleihen. Sie bilden den sozialen Raum.

Als Entitäten begriffen, können Ort, Festival und Menschen nicht nur bezüglich ihrer Eigenschaften, sondern auch in Zusammenhang mit den Prozessen, die sie auslösen, gesehen werden. Diese drei Entitäten bilden untereinander Synergien, die sie zu einem Raum synthetisieren: dem Raum *Wacken.* Ort, Festival und Menschen erzeugen Geschichten, die sich dann in den Raum einlagern. Diese Geschichten werden unter anderem über den *Space of Flows* rezipiert und kommuniziert. Jede dieser drei Entitäten beinhaltet verschiedene Aspekte, die im Zusammenspiel Neues erschaffen. So finden sich die fünf Hypothesen in ihrem Zusammenwirken wieder. Spacing- und Syntheseprozesse lassen sich ebenso über sie herleiten wie der soziale Raum.
Das Festival gestaltet den Raum folglich über seine Eigenschaften und Synergien mit dem Ort und den Gruppen im Raum. So offenbart sich *Wacken* als ein Zusammenspiel der Teile.

9 Literaturverzeichnis

Asmus, Walter 1979
Zum Wandel der dörflichen Bevölkerungs- und Siedlungsstruktur im 19. Jahrhundert, in: Steinburger Jahrbuch 23, S. 59-64.

Bachmann-Medick, Doris 2006
Cultural Turns. Neuorientierungen in den Kulturwissenschaften. Reinbek bei Hamburg.

Bausinger, Hermann 1988
Räumliche Orientierung. Vorläufige Anmerkungen zu einer vernachlässigten kulturellen Dimension, in: Nils-Arvid Bringéus et al. (Hg.), Wandel der Volkskultur in Europa. Festschrift für Günther Wiegelmann zum 60. Geburtstag, Bd. 1 (Beiträge zur Volkskultur in Nordwestdeutschland, Bd. 60, I), Münster, S. 43-52.

Berndt, Frauke, Heinz J. Drügh 2009
Einleitung zum Kapitel Kultur, in: Dies.(Hg.), Symbol. Grundlagentexte aus Ästhetik, Poetik und Kulturwissenschaft. Frankfurt/M., S. 339-356.

Benz, Jörg, Ernst-Otto Friese, Erwin Raschke, Wolfgang Reschke 1997
Informationstafeln an historischen Stätten im Kreis Steinburg (Steinburger Jahrbuch 41).

Bhabha, Homi K. 2000
Die Verortung der Kultur (Stauffenberg Discussion. Studien zur Inter- und Multikultur, Bd. 5). Tübingen.

Böhme, Gernot 1995
Atmosphäre. Essays zur neuen Ästhetik. Frankfurt/M.

Bollnow, Otto Friedrich 1963
Mensch und Raum. Stuttgart.

Bogner, Alexander, Wolfgang Menz 2005
Das theoriegenerierende Experteninterview. Erkenntnisinteresse, Wissensformen, Interaktion, in: Alexander Bogner et al. (Hg.), Das Experteninterview. Theorie, Methode, Anwendung. Wiesbaden (2.Aufl.), S. 33-70.

Bourdieu, Pierre 1976
Entwurf einer Theorie der Praxis auf der ethnologischen Grundlage der kabylischen Gesellschaft. Frankfurt/M.

Bourdieu, Pierre 1982
Die feinen Unterschiede. Kritik der gesellschaftlichen Urteilskraft. Frankfurt/
M.

Bourdieu, Pierre 1985
Sozialer Raum und »Klassen«. Leçon sur la leçon. Zwei Vorlesungen. Frank-
furt/M.

Bourdieu, Pierre 1997
Ortseffekte, in: Ders. et al., Das Elend der Welt. Zeugnisse und Diagnosen alltäglichen Leidens an der Gesellschaft, (édition discours, Bd. 9). Konstanz, S.
159-167.

Brüstle, Christa 2009
Klang als performative Prägung von Räumlichkeiten, in: Moritz Csáky,
Christoph Leitgeb (Hg.), Kommunikation - Gedächtnis - Raum. Kulturwis-
senschaften nach dem »Spatial Turn«. Bielefeld, S. 113-129.

Castells, Manuel 2001
Der Aufstieg der Netzwerkgesellschaft. Teil 1: Das Informationszeitalter.
Opladen.

Cassirer, Ernst 1975
Mystischer, ästhetischer und theoretischer Raum, in: Alexander Ritter (Hg.),
Landschaft und Raum in der Erzählkunst (Wege der Forschung, Bd. 418).
Darmstadt, S. 17-35.

Cassirer, Ernst 2009
Die Sprache und der Aufbau der Gegenstandswelt, in: Ders., Schriften zur
Philosophie der symbolischen Formen, hg. v. Marion Lauschke. Hamburg, S.
191-217.

Chwalek, Herbert (Red.) 2004
15th Anniversary Wacken Open Air. Die offizielle History über 15 Jahre Wacken Open Air. o. O.

Cohen, Erik 1976
Environmental Orientations: A Multidimensional Approach to Social Ecology, in: Current Anthropology 17, S. 49-69. Als Internetressource: http://www.jstor.org/stable/2741584?seq1 (Stand: 3.10.2010).

Diaz-Bone, Rainer 2002
Kulturwelt, Diskurs und Lebensstil. Eine diskurstheoretische Erweiterung der bourdieuschen Distinktionstheorie (Forschung Soziologie, Bd. 164), Opladen.

Döring, Jörg, Tristan Thielmann 2008
Einleitung: Was lesen wir im Raume? Der Spatial Turn und das geheime Wissen der Geographen, in: Dies. (Hg.), Spatial Turn. Das Raumparadigma in den Kultur- und Sozialwissenschaften, Bielefeld, S. 7-45.

Durkheim, Emile 1984
Die elementaren Formen des religiösen Lebens. Frankfurt/M. (2.Aufl.).

Einstein, Albert 2006
Raum, Äther und Feld in der Physik (1930), in: Jörg Dünne, Stephan Günzel (Hg.), Raumtheorie. Grundlagentexte aus Philosophie und Kulturwissenschaften. Frankfurt/M., S. 94-101.

Fischer-Lichte, Erika 2003
Theater als Modell für eine Ästhetik des Performativen, in: Jens Kertscher, Dieter Mersch (Hg.), Performativität und Praxis. München, S. 97-111.

Flick, Uwe 2004
Triangulation. Eine Einführung. Wiesbaden.

Foucault, Michel 1992
Von anderen Räumen. in: Karlheinz Barck et al. (Hg.), Aisthesis. Wahrnehmung heute oder Perspektiven einer anderen Ästhetik, Leipzig, S. 34–46.

Funk-Hennings, Erika 2008
Musik als Vehiculum verschiedener Ideologien, in: Werner Faulstich (Hg.), Das Böse heute. Formen und Funktionen. München, S. 141-150.

Giddens, Anthony 1988
Die Konstitution der Gesellschaft. Grundzüge einer Theorie der Strukturierung (Theorie und Gesellschaft, Bd. 1), Frankfurt/M., New York.

Giddens, Anthony 1995
Konsequenzen der Moderne. Frankfurt/M.

Gläser, Jochen, Grit Laudel 2009
Experteninterviews und qualitative Inhaltsanalyse als Instrumente rekonstru-
ierender Untersuchungen. Wiesbaden.

Goffman, Erving 2009
Interaktion im öffentlichen Raum. Frankfurt/M., New York.

Greverus, Ina-Maria 1979
Auf der Suche nach Heimat. München.

Greverus, Ina-Maria 2009
Über die Poesie und die Prosa der Räume. Gedanken zu einer Anthropologie
des Raums (anthropologische Texte, Bd. 10). Berlin.

Hannerz, Ulf 1995
»Kultur« in einer vernetzten Welt. Zur Revision eines ethnologischen Begrif-
fes, in: Wolfgang Kaschuba (Hg.), Kulturen - Identitäten – Diskurse. Perspektiven europäischer Ethnologie (zeithorizonte, Bd. 1). Berlin, S. 64-84.

Hard, Gerhard 2008
Der Spatial Turn, von der Geographie her beobachtet, in: Jörg Döring, Tristan
Thielmann (Hg.), Spatial Turn. Das Raumparadigma in den Kultur- und Sozi-
alwissenschaften. Bielefeld, S. 263-315.

Hübner, Holger o. J. (2010)
Wacken Open Air. Erinnern – Bewahren – Entwickeln. o. O. (Dörpstedt)

ICS Media Service o. J.
Wacken. Für ein kraftvolles Markenerlebnis. o. O.

Kant, Immanuel 2006
Von dem Raume (1768), in: Jörg Dünne, Stephan Günzel (Hg.), Raumtheo-
rie. Grundlagentexte aus Philosophie und Kulturwissenschaften. Frankfurt/
M., S. 76-84.

Kajetzke, Laura, Markus Schroer 2010
Sozialer Raum. Verräumlichung, in: Stephan Günzel (Hg.), Raum. Ein interdisziplinäres Handbuch. Stuttgart, Weimar. S. 193-203.

Kornell, Gerhard 1995
Wacken, in: Steinburger Jahrbuch 39, S. 276-277.

Lefebvre, Henri 2000
La production de l'espace. Paris (4.Aufl.).

Lefebvre, Henri 2003
The production of space. Malden, MA.

Lefebvre, Henri 2006
Die Produktion des Raums (1974), in: Jörg Dünne, Stephan Günzel (Hg.), Raumtheorie. Grundlagentexte aus Philosophie und Kulturwissenschaften. Frankfurt/M., S. 330-342.

Leibniz, Gottfried Wilhelm 2006
Briefwechsel mit Samuel Clarke (1715/1716), in: Jörg Dünne, Stephan Günzel (Hg.), Raumtheorie. Grundlagentexte aus Philosophie und Kulturwissenschaften. Frankfurt/M., S. 58-73.

Link, Jürgen 2007
Dispositiv und Interdiskurs. Mit Überlegungen zum ›Dreieck‹ Foucault – Bourdieu – Luhmann, in: Clemens Kammler, Rolf Parr (Hg.), Foucault in den Kulturwissenschaften. Eine Bestandsaufnahme. Heidelberg. S. 219-238.

Löw, Martina 2001
Raumsoziologie. Frankfurt/M.

Lundberg, Dan et al. 2003
Music, Media, Multiculture. Stockholm.

Marcus, George E. 1995
Ethnography in/of the World Systems: the Emergence of Multi-sited Ethnography, in: Annual Review of Anthropology 24, S. 95-117.

Mayring, Philipp 2003
Qualitative Inhaltsanalyse. Grundlagen und Techniken. Weinheim, Basel (8.Aufl.).

McLuhan, Marshall 1992
Die magischen Kanäle. »Understanding Media«. Düsseldorf, Wien, New York, Moskau.

McLuhan, Marshall, Bruce R. Powers 1995
The Global Village. Der Weg der Mediengesellschaft in das 21. Jahrhundert. Paderborn.

Mead, George Herbert 2009
Geist, Identität und Gesellschaft aus der Sicht des Sozialbehaviorismus, in: Frauke Berndt, Heinz J. Drügh (Hg.), Symbol. Grundlagentexte aus Ästhetik, Poetik und Kulturwissenschaft. Frankfurt/M., S. 369-377.

Miggelbrink, Judith 2005
Die (Un-)Ordnung des Raumes. Bemerkungen zum Wandel geographischer Raumkonzepte im ausgehenden 20. Jahrhundert, in: Alexander C. T. Geppert et al. (Hg.), Ortsgespräche. Raum und Kommunikation im 19. und 20. Jahrhundert. Bielefeld, S. 79-105.

Mikos, Lothar 2005
Film-, Fernseh- und Fotoanalyse, in: Ders., Claudia Wegener (Hg.), Qualitative Medienforschung. Ein Handbuch. Konstanz, S. 458-465.

Newton, Isaac 1963
Mathematische Prinzipien der Naturlehre. Darmstadt.

Peters, Arno 1983
Die Neue Kartographie. The new cartography. Klagenfurt.

Paetzold, Heinz 1990
Ästhetik der neuen Moderne. Sinnlichkeit und Reflexion in der konzeptionellen Kunst der Gegenwart. Stuttgart.

Rehbein, Boike 2006
Die Soziologie Pierre Bourdieus. Konstanz.

Rehberg, Karl-Siegbert 2001
Weltpräsentanz und Verkörperung, in: Gert Melville (Hg.), Institutionalität und Symbolisierung. Verstetigungen kultureller Ordnungsmuster in Vergangenheit und Gegenwart (Tagung des Sonderforschungbereiches vom 9. bis 12. Dezember 1998), Köln, Weimar, Wien, S. 3-49.

Rolshoven, Johanna 2000
Übergänge und Zwischenräume. Eine Phänomenologie von Stadtraum und sozialer Bewegung, in: Waltraud Kokot et al. (Hg.), Kulturwissenschaftliche Stadtforschung. Berlin, S. 107-122.

Rolshoven, Johanna 2003
Von der Kulturraum- zur Raumkulturforschung. Theoretische Herausforderungen an eine Kultur- und Sozialwissenschaft des Alltags, in: Zeitschrift für Volkskunde 99, S. 189-213.

Scherreiks, Sandra 2005
Grüne Hölle oder schillerndes Paradies? Zur Geschichte und kulturellen Bedeutung von Erlebnisparks in Deutschland (Kieler Studien zur Volkskunde und Kulturgeschichte, Bd. 4). Münster, New York, München, Berlin.

Schmid, Christian 2005
Stadt, Raum und Gesellschaft. Henri Lefebvre und die Theorie der Produktion des Raumes (Sozialgeographische Bibliothek, Bd. 1). Stuttgart.

Schmitz, Hermann 2009
Kurze Einführung in die Neue Phänomenologie. Freiburg, München.

Schroer, Markus 2006
Räume, Orte, Grenzen. Auf dem Weg zu einer Soziologie des Raumes. Frankfurt/M.

Schulze, Gerhard 2000
Kulissen des Glücks. Streifzüge durch die Eventkultur. Frankfurt/M., New York (2. Aufl.).

Sennett, Richard 1991
Civitas. Die Großstadt und die Kultur des Unterschieds. Frankfurt/M.

Simmel, Georg 1995
Soziologie des Raumes, in: Georg Simmel. Aufsätze und Abhandlungen 1901-1908, Band 1, hg. v. Rüdiger Kramme et al. (Gesamtausgabe, Bd 7). Frankfurt/M., S. 132-183.

Soja, Edward 1996
Thirdspace. Journeys to Los Angeles and other real-and-imagined Places. London, New York.

Soja, Edward 2008
Vom »Zeitgeist« zum »Raumgeist« - New Twists on the Spatial Turn, in: Jörg Döring, Tristan Thielmann (Hg.), Spatial Turn. Das Raumparadigma in den Kultur- und Sozialwissenschaften. Bielefeld, S. 241-262.

Stichweh, Rudolf 2005
Inklusion und Exklusion. Studien zur Gesellschaftstheorie. Bielefeld.

Ströker, Elisabeth 1965
Philosophische Untersuchungen zum Raum. Frankfurt/M.

Warneken, Bernd Jürgen 1985
Populare Autobiographik (Untersuchungen des Ludwig-Uhland-Instituts der Universität Tübingen, Bd. 61). Tübingen.

Weiss, Richard 1952
Kulturgrenzen und ihre Bestimmung durch volkskundliche Karten, in: Studium Generale 5, S. 363-373.

Welz, Gisela 1998
Moving Targets. Feldforschung unter Mobilitätsdruck, in: Zeitschrift für Volkskunde 94, S. 177-194.

Welz, Gisela 1996
Inszenierungen kultureller Vielfalt. Frankfurt/M. und New York City (zeithorizonte, Bd. 5). Berlin.

Werlen, Benno 1995
Sozialgeographie alltäglicher Regionalisierungen. Band 1: Zur Ontologie von Gesellschaft und Raum. Stuttgart.

Werlen, Benno 1997
Sozialgeographie alltäglicher Regionalisierungen. Band 2: Globalisierung, Region und Regionalisierung. Stuttgart.

Werlen, Benno 2000
Sozialgeographie. Eine Einführung. Bern, Stuttgart, Wien.

10 Internetadressen

www.wacken.de
www.wacken.com
www.shmf.de
www.jazzbaltica.de
www.sung-hyung.de
www.woxikon.de

Anhang

Foto 1

Foto 2

Foto 3a

Foto 3b

Foto 4a

Foto 4b

Foto 5a

Foto 5b

Foto 5c

Foto 6a

Foto 6b

Foto 6c

Foto 6d

Foto 6e

Foto 6f

Foto 7a

Foto 7b

Foto 8

Foto 9

Foto 10

Foto 11

Foto 12a

Foto 12b

Bildnachweis:
Foto 2 aus dem Archiv von www.wacken.com.
Alle weiteren Fotos im Privatbesitz, aufgenommen 2009 – 2010.

Abdruck der Pläne mit freundlicher Genehmigung von ICS Festival Service GmbH.

WACKEN OPEN AIR 2010

Brandschutzplan

ICS Festival Service GmbH
Hauptstrasse 47
24869 Dörpstedt
Fon +49 4627 1838 0
Fax +49 4627 1838 80
www.wacken.com

WWW.ICS-INT.COM

Ansicht:	WOA Brandschutzplan
Datum:	09.03.2010
Maßstab:	1:7.000, DIN A3

Produktion:
Thomas Hess, Stefan Kempe
production@wacken.com

Grundmanager:
Jan Horn
grundmanager@wacken.com

Grafische Umsetzung: Carsten Weber, PPAM, weber@ppam.de

Alle Rechte vorbehalten. Erlangquelle, Geobasisdaten der Vermessungs-
und Katasterverwaltung Schleswig-Holstein © 12-2307

1	Black Metal Stage (Open Air Bühne)	34	Non-Food
2	True Metal Stage (Open Air Bühne)	35	Bier / Gastro
3	Party Stage (Open Air Bühne)	36	Aussichtsplattform
4	W.E.T Stage (Indoor Bühne) / Headbangers Ballroom	37	Meet & Greet
5	Beergarden Stage, Wacken Fire Fighters	38	Steward, Check-In/-Out
6	Gastro Lager	39	Produktion
7	Hubschrauberlandeplatz	40	Security Zentrale
8	Vorplatz 1 (Festivalgelände)	41	Veranstalter
9	Metalmarkt mit Non-Food Meile	42	Polizei Einsatz Leitstelle
10	Biergarten	43	Ordnungsamt
11	Frühstück / Supermarkt	44	Örtliche Einsatzleitung
12	Besuchergasse zum Dorf	45	Reiniger Camp
13	Camping Food / Non-Food Händler	46	Reisebusse, Taxen, Shuttle-Service
14	Künstler- / Tourbusse	47	Kiss and Ride
15	Security Camping	48	Steward, Außenposten
16	Backstage	50	Metalmarkt Zelt
17	Künstler Produktion	51	Parken Crew, Material
18	Parken & Camping Crew, Material	52	Brandschutzwache
19	Check In (Reselithweg 17)	53	Bandausgabe, Infopoint
20	Security Unterkunft (Sporthalle alt)	54	W.O.A Information
21	ADAC	55	Movie Night
22	Shuttle-Service	56	Tagesparker
26	Backstage VIP, Gäste, Presse	57	Happy Metal Camper Park
27	Parken & Camping VIP, Gäste, Presse	S1	Sanitär Camp
28	DRK Übernachtung (Sporthalle neu)	S2	Sanitär Camp
29	Parken & Camping VIP, Crew, Händler	S3	Sanitär Camp
30	Vorplatz 2 (Fußballplatz, Bullriding, Kicker)	S4	Sanitär Camp
31	Technik be- und entladen	S5	Sanitär Camp
32	Crew Catering	58	Medieval Market
33	Food Meile	59	Medieval Market Stage

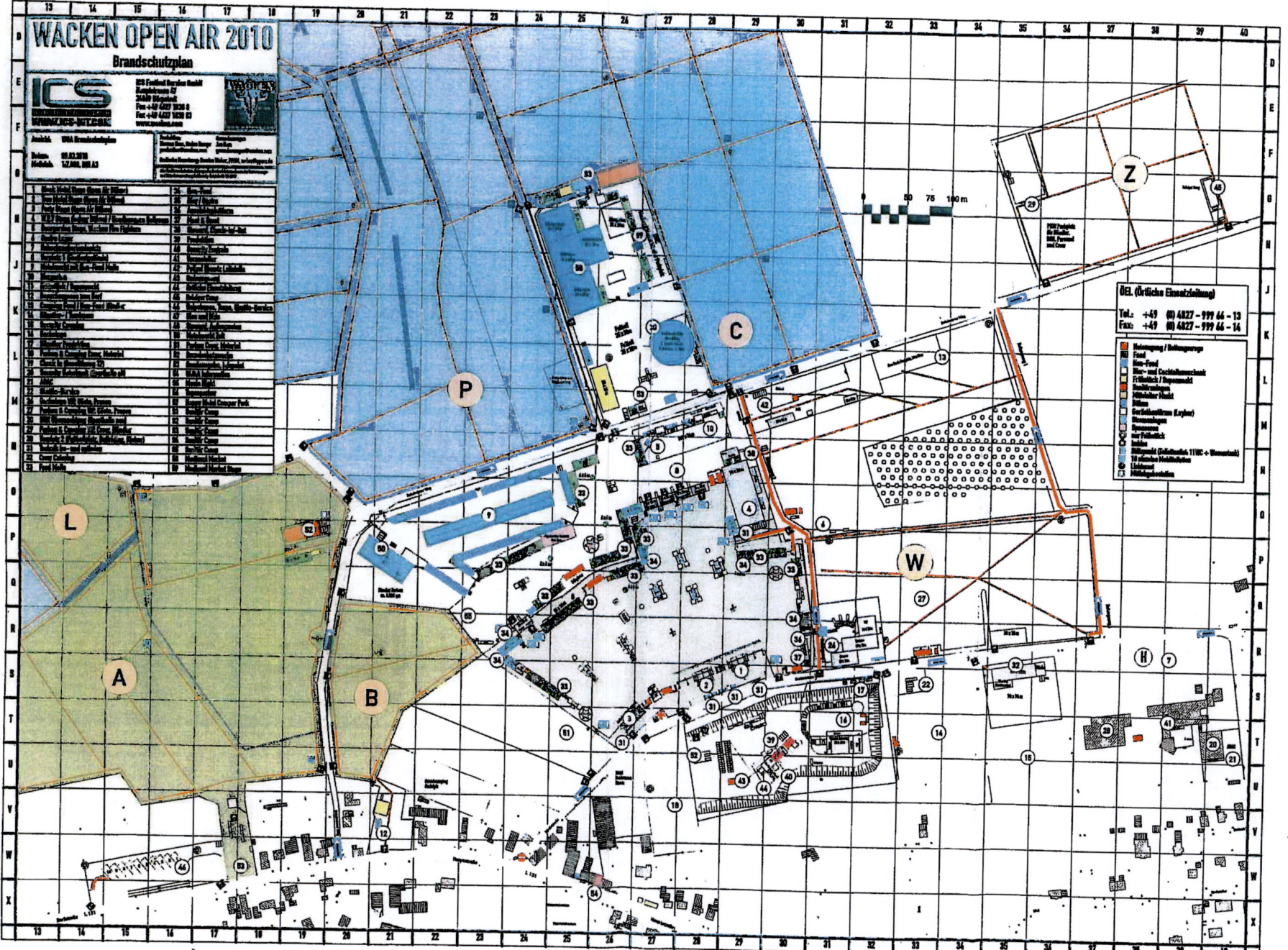

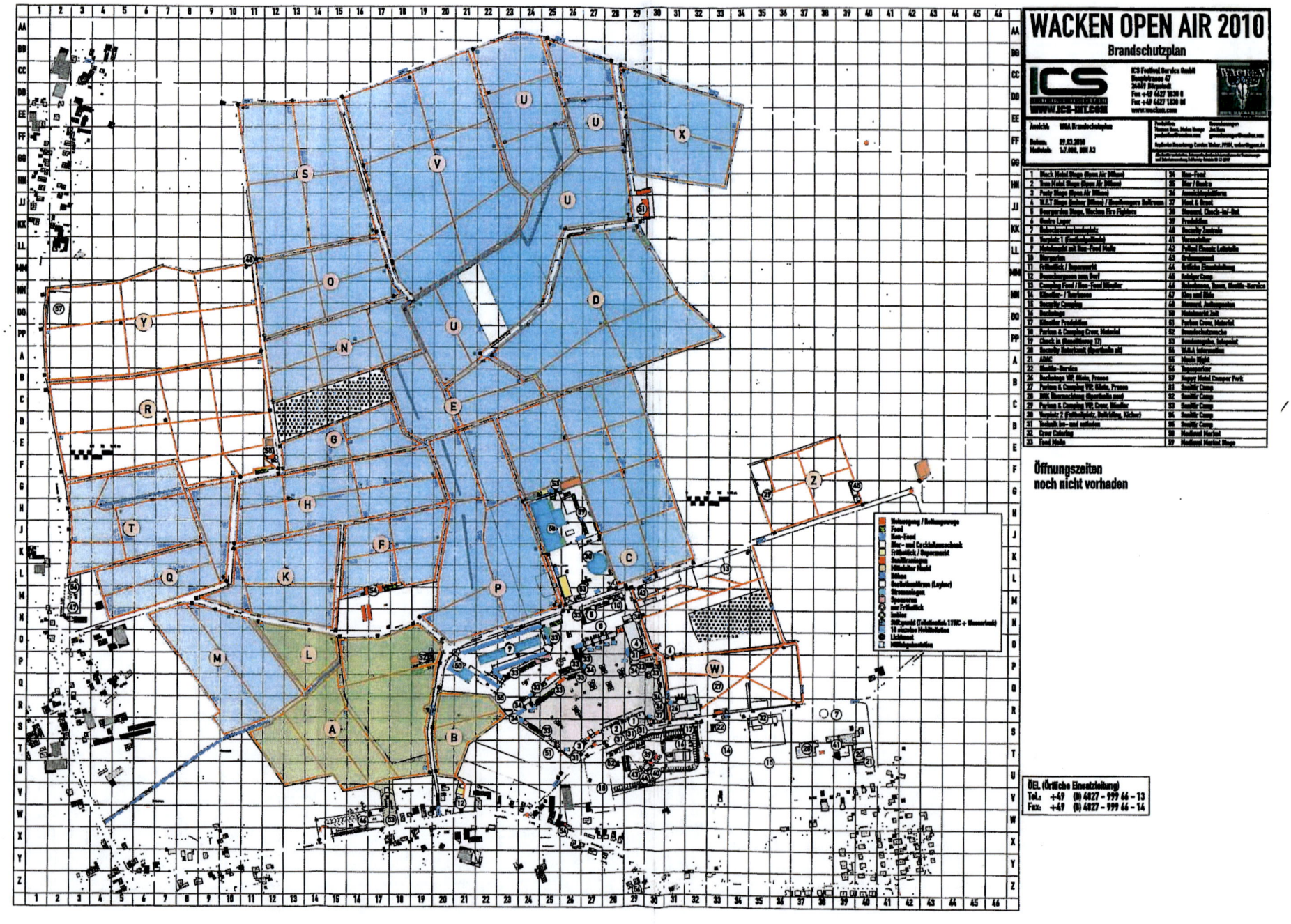